蔡宗陽著

文史哲學集成

莊子之文學

文史哲出版社印行

莊子之文學 / 蔡宗陽著. -- 初版. -- 臺北市：
文史哲, 民 72.07
頁： 公分.（文史哲學集成；88）
參考書目：面
ISBN 957-547-294-2 (平裝)

1. 莊子-文學批評,解釋 2. 莊子-學術思想

文史哲學集成 88

莊子之文學

著者：蔡宗陽
出版者：文史哲出版社
http://www.lapen.com.tw
登記證字號：行政院新聞局版臺業字五三三七號
發行人：彭正雄
發行所：文史哲出版社
印刷者：文史哲出版社
臺北市羅斯福路一段七十二巷四號
郵政劃撥帳號：一六一八〇一七五
電話886-2-23511028・傳真886-2-23965656

實價新臺幣三六〇元

一九八三年（七十二年）七月初版
二〇〇五年（九十四年）十二月BOD初版再刷

ISBN 957-547-294-2 00088

序

莊書之義理最爲豐富，理致玄眇，故自古及今，鑽研者甚夥；其文絕奇，讀之未有不手舞足蹈，心曠神怡者，故古今士人，讚不絕口。善乎顧實之言云：

> 莊子之於思想辭藻兩者，俱極豐富，蓋彼有化哲理之談理，而爲具體事實之傾向也。至其選材亦極自由，不論何事，一經其筆，則發揮一種妙致，雖土砂而爲黃金，襤褸而爲錦繡矣。更有進者，莊子與孟子俱染受戰國之風，而英邁豪雋之氣，自有不可當者，故發露其激越之感情，不少顧惜，豎說橫論，而痛言快語，毫不藏鋒鋩，兩者全類似，但似以人種之差異，與南方之天然，使莊子更比孟子成就文學之價值。（中國文學史大綱）

顧氏之論，頗有卓見，然則古今學者研究莊子之義理者多，而研究莊子之文學者少，余雖不敏，願以所知，條分縷析莊子之文學，此本文寫作動機之一。又施章云：

> 我主張莊子一書，與其用哲學的眼光讀他，不如以文學的眼光讀他，較爲得當。因爲莊子的人生，他看宇宙是充滿了生命，一草一木，以至一架髑髏，莊子對之都發生同情，而幻想他的生命來，這

完全是藝術家的態度。莊子也常常用文學的技術來表現他的高超的意境。所以我認爲莊子在文學上的地位，比他在哲學上的地位更重要。但一個偉大的文學家，他對於宇宙人生往往有一種新的創穫，所以一個偉大文學家他在哲學上同時仍有他的地位。莊子卽是其中之一。（莊子哲學）

誠哉斯言也。優良之文學作品，須有幾分哲理，始有深度，而有深度之文學作品，仍爲文學，而非哲學。然則莊書不徒爲哲學典籍，亦爲上等之文學作品，可謂「哲學的文學，文學的哲學」之書。蓋莊子之思想影響後世之文學理論，而莊子之文章，可爲後世文章之指南，此本文寫作動機之二。昔章太炎先生有云：

讀過莊子，聰明一半，能深明道境，照澈眞原，故此書不能不讀。（見周廉仕莊子總論及分篇評注序引）

錢賓四先生亦云：

莊周眞是一位曠代的大哲人，同時也是一位絕世的大文豪，你只要讀過他的書，他自會說動你的心。……莊周的思想和文章，卻實在值得我們去注意。（見古今文選第二八〇期）

蓋莊子能言人之所未言，發人之所未發；能言人之所未言，故眞理揭露無遺；能發人之所未發，故所言迭有創見。愚擬窺其宗廟之美，百官之富，是以潛心研究，此本文寫作動機之三。

基於上述三種寫作動機，於是孜孜不矻，焚膏繼晷，日以繼夜，研讀再三，而撰是篇。全文凡四章：首章何謂文學，旨在探討文學之定義。文學之定義，雖衆說紛紜，難以適當之文句闡釋之，然不言不足以明其定義，故先列述中外學者對文學之定義，再擬一比較恰當之定義。次章莊子之文學理論，分爲三節，每節先述莊子之思想，後論莊子思想對後世文學理論之轉化與影響。第三章莊子之文學特色，亦分爲三節。第一節探討莊書之體例，已具有各類文體；第二節討論莊書之篇章架構，已具有各種文學技巧；第三節分析莊書之修辭，已具有十七種修辭格。本章結論，分爲兩節。第一節論述莊子思想與文學理論之關係，在於心靈活動、心靈和諧、心靈統一。第二節敘述莊子文學對後世文學之影響，作一總結。

夫莊子之文學，至眞矣，至善矣，至美矣。愚雖寄望探幽闡微，窺其全貌，然臨文之際，輒恐思慮之不周，以失先哲之高致，幸賴錦鋐師循循善誘，諄諄誨正，決疑釋難，不憚煩瑣，潤其文字，通其義理，反覆琢磨，斯篇之作，卒底於成；化成之德，謹申謝悃。自忖資質不聰，材居中下，井鼃陋見，罣漏、舛誤之處，猶恐不免，則有待乞正於碩學先進，以解一曲之蔽也。

癸亥年仲春之月蔡宗陽謹識於

國立臺灣師範大學國文研究所

莊子之文學目錄

第三章　莊子之文學特色

第一章　何謂文學

第一節　文學與文章之同異

文學與文章，渾言之則相同，析言之則互異。「文學」一詞，首見於論語。論語先進篇云：

子曰：「從我於陳、蔡者，皆不及門也。德行：顏淵、閔子騫、冉伯牛、仲弓。言語：宰我、子貢。政事：冉有、季路。文學：子游、子夏。」（註一）

案皇侃論語集解義疏云：「文學，指博學古文。」（註二）邢昺疏云：「若文章博學，則有子游、子夏二人也。」（註三）此以「博學古文」、「文章博學」釋「文學」二字，則兼指學術而言。此「文學」之名，與今之文學，其義殊也。

註一：見論語注疏，頁九十六。

註二：見皇侃論語集解義疏下册，卷六，頁二下。

註三：見同註一。

夫論語之言文章，其義與今之以詞章爲文章則異，而與孔門所謂之文學則同。論語中言及「文章」者，僅有兩處：其一爲公治長篇，其二爲泰伯篇。

公治長篇云：

子貢曰：「夫子之文章，可得而聞也；夫子之言性與天道，不可得而聞也。」（註四）

案朱熹集注云：

文章，德之見於外者，威儀、文辭皆是也。（註五）

劉寶楠論語正義云：

文章，謂詩書禮樂也。（註六）

竹添光鴻會箋云：

文章，謂禮樂制度之類，然此文章以其發於言論而言，故曰聞也。（註七）

泰伯篇云：

子曰：「大哉！堯之爲君也。巍巍乎！唯天唯大，唯堯則之。蕩蕩乎！民無能名焉。巍巍乎！其有成功也。煥乎！其有文章。」（註八）

案朱熹集注云：

文章，禮樂法度也。（註九）

竹添光鴻會箋云：

端冕旌旗，象諸日星，卑高等威，取諸山川，彩色昭之，聲明發之，禮樂明備，而民德可得而正，所謂有文章者是也。（註一〇）

綜而論之，則論語中所謂之文學與文章，其義一也，皆泛指學術而言，然與後世所謂之文學，則大異其趣。迨及兩漢，文學與文章始漸分野。兩漢之際，文學仍含有學術之義，而文章則專指非學術性之詞章而言；易言之，「文」而綴一「學」字，自偏重內容；「文」而綴一「章」字，則較重形式（註一一）。今觀史記所言「文學」，皆指學術而言。如孝武本紀云：

上鄉儒術，招賢良，趙綰、王臧等以文學爲公卿。（註一二）

註四：見註一，頁四十三。

註五：見朱熹四書集注，頁二八。

註六：見皇清經解續編册十七，頁一三四六六。

註七：見竹添光鴻論語會箋上册，卷五，頁十五下。

註八：見註一，頁七十二。

註九：見註五，頁五四。

註一〇：見註七，卷八，頁二十下。

註一一：見羅根澤周秦兩漢文學批評史第三章，頁五六。案兩漢對文與學，文章、文辭與文學，已有別矣。學與文學，皆含有學術之義；文與文章、文辭，則專指非學術性之詞章而言。此說見劉萍文學概論，頁四五；及郭紹虞中國文學批評史上册，頁四〇至四六；與汪祖華文學論，頁二。

註一二：見司馬遷史記册一，卷十二，頁二〇七。

案儒林列傳云：

及今上卽位，趙綰、王臧之屬，明儒學，而上亦鄉之，於是招方正賢良文學之士。（註一三）

瀧川龜太郎考證云：

今上卽武帝。趙綰爲御史大夫，王臧爲郎中令，皆學于申公，申公之學，出於浮邱伯。浮邱伯，荀卿門人。（註一四）

此言趙綰、王臧皆儒生，則以儒學爲文學，卽以學術爲文學，是其證也。

絳侯周勃世家云：

勃不好文學，每召諸生、說士，東鄉坐而責之，趣爲我語，其椎少文如此。（註一五）

案裴駰史記集解云：

瓚曰：「令直言，勿稱經書也。」（註一六）

勃不好文學，故曰：「令直言，勿稱經書也。」則史記所謂之文學，蓋指學術，此亦以學術爲文學者也。

儒林列傳云：

夫齊、魯之間，於文學，自古以來，其天性也。故漢興，然後諸儒始得修其經藝，講習大射鄉飲之禮。」（註一七）

又云：能通一藝以上，補文學掌故缺。（註一八）

此亦以學術爲文學者也。

復觀漢書所言「文學」，亦皆指學術而言；蓋班固著漢書，多本乎史記之故也。如董仲舒傳云：

武帝卽位，舉賢良文學之士前後百數，而仲舒以賢良對策焉。（註一九）

張湯傳：

是時上方鄉文學，湯決大獄，欲傅古義，乃請博士弟子治尚書春秋，補廷尉史。（註二〇）

玆觀史記所言「文章」，則專指非學術性之詞章而言。如：儒林列傳云：

臣（公孫弘）謹案詔書律令下者，明天人分際，通古今之義；文章爾雅，訓辭深厚，恩施甚美；小吏淺聞，不能究宣。（註二一）

案司馬貞史記索隱云：

註一三：見註一二，册二，卷一百二十一，頁一二七四。

註一四：瀧川龜太郎史記會注考證，頁一二五四。

註一五：見註一二，册二，卷五十七，頁八二八。

註一六：見註一四，頁八〇〇。

註一七：見註一三，頁一二七三至一二七四。

註一八：見同註一三。

註一九：見班固漢書，册二，卷五十六，頁一一六三。

註二〇：見註一九，卷五十九，頁一二二二。

註二一：見同註一三。

詔書文章雅正，訓辭深厚也。（註二二）

又儒林列傳云：

天子問治亂之事，申公時已八十餘，老，對曰：「爲治者不在多言，顧力行何如耳！」是時天子方好文詞，見申公對，默然。（註二三）

此「文章」殆指詞章而言，於焉可證。

次觀漢書所言「文章」，亦專指非學術性之詞章而言；蓋班固本乎史記而撰漢書之故也。如公孫弘傳贊云：

文章則司馬遷、相如。（註二四）

又云：

劉向、王褒以文章顯。（註二五）

綜觀上舉，文學與文章，周秦之際，則同指學術而言；至於漢世，文學仍指學術而言，而文章則專指詞章而已。職是之故，孔門、史漢所謂之文學，非今之文學，爾後始漸發展爲今之文學。總而言之，文學之意義，因時而異，待下節再詳論之。

第二節　文學之特點與定義

文學之意義隨時代而嬗變，如「今人不見古時月，今月曾經照古人」（註二六），月雖依舊在，然人事全非；文學亦然。文學雖各代皆有，然其意義已變矣。王國維云：

凡一代有一代之文學：楚之騷，漢之賦，六代之駢語，唐之詩，宋之詞，元之曲，皆所謂一代之文學，而後世莫能繼焉者也。（註二七）

此謂一代有一代之文學特色，由此可知，文學之意義亦因時而異，是故文學之意義因時而變，乃文學之特點也。茲依時代而闡述文學之意義如下：

甲、周秦兩漢之文學意義

周秦之文學意義，泛指學術而言。論語中之「文學」，即指學術而言，前已詳論，茲不贅述。又周秦諸子書中之「文學」，亦皆指一切學術而言，與論語無殊。如墨子天志中云：

註二二：見同註一三。
註二三：見註一三，頁一二七五。
註二四：見註一九，卷五十八，頁一二二〇。
註二五：見註二四，頁一二二一。
註二六：見李太白全集，卷二十，頁四五七。
註二七：見王國維宋元戲曲史自序，頁一。

下將以量天下之萬民，爲文學出言談也。（註二八）

非命中云：

凡出言談，由文學之爲道也，則不可而不先立義法。（註二九）

非命下云：

今天下之君子之爲文學，出言談也；非將勤勞其惟舌，而利其脣呡也，中實將欲爲其國家邑里，萬民刑政者也。（註三〇）

又如荀子非相篇云：

從者將論志意，比類文學邪？（註三一）

王制篇云：

積文學，正身行。（註三二）

性惡篇云：

今之人，化師法，積文學，道禮義者，爲君子。（註三三）

大略篇云：

人之於文學也，猶玉之於琢磨也。詩曰：「如切如磋，如琢如磨。」謂學問也。……被文學，服禮儀，爲天下列士。學問不厭，好士不倦，是天府也。（註三四）

又如韓非子難言篇云：

捷敏辯給，繁於文采，則見以爲史。殊釋文學，以質信言，則見以爲鄙。（註三五）

外儲說左上云：

弃田圃而隨文學者，邑之半。……賣宅圃而隨文學者，邑之半。（註三六）

問辯篇云：

主有令，而民以文學非之，官府有法，民以私行矯之。人主顧漸其法令，而尊學者之智行，此世之所以多文學也。（註三七）

六反篇云：

註二八：見墨子閒詁（墨翟著，孫詒讓注），卷七，頁二十。

註二九：見註二八，卷九，頁十一。

註三〇：見註二八，卷九，頁二十三。墨子閒詁云：「惟舌當爲喉舌。」

註三一：見荀子集解（荀況著，王先謙集解），卷三，頁二〇五。

註三二：見註三一，卷五，頁三〇四。

註三三：見註三一，卷十七，頁七〇五。

註三四：見註三一，卷十九，頁七九九至八〇〇。

註三五：見韓非子集釋（韓非著，陳奇猷集釋），卷一，頁四九。

註三六：見註三五，卷十一，頁六一七、六五二。

註三七：見註三五，卷十七，頁八九八。

學道立方，離法之民也，而世尊之曰文學之士。（註三八）

八說篇云：

息文學而明法度，塞私便而一功勞，此公利也。錯法以道民也，而又貴文學，則民之所師法也疑。賞功以勸民也，而又尊行修，則民之產利也惰。夫貴文學以疑法，尊行修以貳功，索國之富强，不可得也。（註三九）

五蠹篇云：

夫離法者罪，而諸先王以文學取。……文學者非所用，用之則亂法。……然則爲匹夫計者，莫如脩行義而習文學。……文學習則爲明師，……富國以農，距敵恃卒，而貴文學之士。……今修文學，習言談，則無耕之勞，而有富之實。（註四〇）

顯學篇云：

藏書策，習談論，聚徒役，服文學而議說。（註四一）

洎乎兩漢，則文學仍指學術而言，而以文章專指詞章而言，卽後世所謂「文章式」之文學。如揚雄法言淵騫篇云：

七十子之於仲尼也，日聞所不聞，見所不見，文章亦不足爲矣。（註四二）

又如班固兩都賦序云：

至於武宣之世，乃崇禮官，考文章。……或以抒下情而通諷諭，或以宣上德而盡忠孝，雍容揄揚，

著於後嗣，抑亦雅頌之亞也。故孝成之世，論而錄之，蓋奏御者千有餘篇，而後大漢之文章，炳焉與三代同風。（註四三）

又如後漢書班彪列傳云：

及至中宗，亦令劉向、王褒、蕭望之、周堪之徒，以文章儒術，保訓東宮以下，莫不崇簡其人，就成德器。（註四四）

又文苑列傳云：

王隆字文山，馮翊雲陽人也。……能文章，所著詩、賦、銘、書，凡二十六篇。（註四五）

綜觀所述，則周秦之文學意義，皆泛指學術而言；迨至兩漢，則文學仍指學術而言，而以文章之名專指詞章而言，猶今之文學。

註三八：註三五，卷十八，頁九四八。
註三九：註三五，卷十八，頁九七四。
註四〇：見註三五，卷十九，頁一〇五七至一〇六七。
註四一：見註三五，卷十九，頁一〇九〇。
註四二：見揚雄法言，卷十一，頁一。
註四三：見蕭統文選，卷一，頁二十一至二十三。
註四四：見范曄後漢書，册二，頁一三二八。案後漢書作者范曄，雖爲劉宋時人，然所稱論者，皆東漢之文人及其作品。
註四五：見註四四，册四，頁二六〇九。

乙、魏晉六朝之文學意義

周秦所謂「文學」，指學術而言，然今之所謂「文學」，亦在其中矣。兩漢繼周秦之後，仍以「文學」爲學術，而另以「文章」爲今之所謂「文學」。此種區別，直至曹魏猶然。如三國志魏書王衞二劉傅傳云：

文學之士，嘉其推步詳密，……文章之士，愛其著論屬辭。（註四六）

然則亦有不以「文學」爲學術，而易以「儒學」者；如劉劭人物志流業篇云：

蓋人流之業，十有二焉。……能屬文著述，是謂文章；司馬遷、班固是也。能傳聖人之業，而不能幹事施政，是謂儒學；毛公、貫公是也。……儒學之材，安民之任也；文章之材，國史之任也。（註四七）

其所謂「儒學」，雖非全同於兩漢所謂之「文學」，然兩漢所謂之「文學」，碻泰半爲「儒學」。劉劭不名爲「文學」，而名爲「儒學」，蓋其時「文學」二字，已非指學術矣。

至梁蕭子顯著南齊書，特立文學列傳，而篇中則稱爲「文章」，其言曰：

文章者，蓋情性之風標，神明之律呂也。蘊思含毫，遊心內運，放言落紙，氣韻天成；莫不稟以生靈，遷乎愛嗜，機見殊門，賞悟紛雜。（註四八）

文章之內容爲：「情性之風標」，「蘊思含毫，遊心內運」，「稟以生靈，遷乎愛嗜」；其形式爲：

「神明之律呂」，「放言落低，氣韻天成」，「機見殊門，賞悟紛雜」。此與今之所謂「文學」，實無二致，而與周秦兩漢所謂「文學」，則迥然不同矣。

南朝所謂之「文學」、「文章」，玩其意蘊，似無區別。又如梁書簡文帝本紀云：

引納文學之士，賞接無倦，恒討論篇籍，繼以文章。（註四九）

文學列傳云：

昭明太子好文學，深愛接之。（註五〇）

其所謂「文學」，亦同於今之所謂「文學」，然迥異於周秦兩漢所謂「文學」。

又梁蕭統所編之昭明文選，爲「遠自周室，迄于聖代」（聖代卽梁代，昭明文選序語）之文學總集，亦未收錄經、史、諸子之作品。文選序謂經書乃「孝敬之准式，人倫之師友」；子書「以立意爲宗，不以能文爲本」；史書則「所以褒貶是非，紀別異同」；皆非文學，故未收入文選。文選所收者爲：「若其讚論之綜緝辭采，序述之錯比文華，事出於沈思，義歸乎翰藻，故與夫篇什，雜而集之。」

註四六：見陳壽三國志，册一，卷二十一，頁六一九。
註四七：見劉劭人物志上，頁九至十一。
註四八：見蕭子顯南齊書，册二，卷五十二，頁九〇七。
註四九：見姚思廉梁書，卷四，頁一〇九。
註五〇：見四九，卷五十，頁七一〇。

（註五一）由此可知，蕭統以為文學當具備兩要素：一、有內容，有思想。二、以麗辭佳句表現。此種文質並重之文學理論，自屬最進步之見解。我國文學若能循此發展，前途將無限量，所惜者六朝之浪漫文學終於轉向唯美主義發展，作者專注於對偶聲律之形式美，而忽略內容之充實，遂陷文學於淫靡虛美之境。（註五二）當是時也，文筆之分，遂應運而生。凡有韻之抒情文字曰文，無韻之實用文字曰筆。誠如劉彥和文心雕龍總術篇所云：

今之常言，有文有筆，以為無韻者筆也，有韻者文也。（註五三）

又梁元帝金樓子立言篇云：

古人之學者有二，今人之學者有四。夫子門徒轉相師受，通聖人之經者，謂之儒。屈原、宋玉、枚乘、長卿之徒止於辭賦，則謂之文。今之儒，博窮子史，但能識其事，不能通其理者，謂之學。至如不便為詩如閻纂，善為章奏如伯松，若此之流，汎謂之筆。吟詠風謠，流連哀思者，謂之文。而學者率多不便屬辭，守其章句，遲於通變，質於心用。學者不能定禮樂之是非，辯經教之宗旨，徒能揚榷前言，抵賞多識，然而挹源知流，亦足可貴。筆，退則非謂成篇，進則不云取義，神其巧惠，筆端而已。至如文者，維須綺縠紛披，宮徵靡曼，脣吻遒會，情靈搖蕩。（註五四）

約而言之，凡談論學術思想之實用文字，謂之筆；凡表達內心情感之抒情文字，謂之文。前者猶今之所謂「雜文學」，後者猶今之所謂「純文學」。是故文學之義界，自南朝而始嚴也。

丙、唐宋至清之文學意義

降及唐世，以筆爲文，文學界又復漫漶。韓退之進學解云：

沈浸醲郁，含英咀華，作爲文章，其書滿家。上規姚姒，渾渾無涯；周誥、殷盤，佶屈聱牙；春秋謹嚴，左氏浮誇；易奇而法，詩正而葩；下逮莊，騷，太史所錄，子雲、相如，同工異曲；先生之於文，可謂閎其中而肆其外矣。（註五五）

又柳宗元答韋中立論師道書亦云：

吾每爲文章，未嘗敢以輕心掉之，……本之書以求其質，本之詩以求其恒，本之禮以求其宜，本之春秋以求其斷，本之易以求其動。此吾所以取道之原也。參之穀梁氏以厲其氣，參之孟荀以暢其支，參之莊老以肆其端，參之國語以博其趣，參之離騷以致其幽，參之太史以著其潔。此吾所以旁推交

註五一：以上文選序語，見註四三，頁一至二。
註五二：以上參閱葉師慶炳中國文學史第一講緒論，頁一至二。
註五三：見文心雕龍注（劉勰著，范文瀾注），卷九，頁六五五。
註五四：見蕭繹金樓子，卷四，頁三二。
註五五：見韓昌黎集（韓愈著，李漢纂），卷一，頁二六。

通而以爲之文也。（註五六）

由是觀之，則學者不以聲律采藻相矜尚，而以平易奇奧爲古文矣。宋元以降，文宗散體，相沿未變，清章學誠起而辨之曰：

唐宋以前，文集之中，無著述文之不爲義解（經學）、傳記（史學）、論撰（史家）諸品者，古人始稱之爲文。其有義解、傳記、論撰諸體者，古人稱書，不稱文也。（註五七）

又阮元書梁昭明太子文選序後亦云：

孔子文言，實爲萬世文章之祖。此篇奇偶相生，音韻相和，如青白之成文，如咸韶之合節，非清言質說者比也，非振筆縱書者比也，非佶屈澁語者比也。是故昭明以爲經也，子也，史也，非可專名之爲文也；專名爲文，必沈思翰藻而後可也。（註五八）

此謂文學之意義，仍從南朝之舊說也。簡言之，唐宋元明之文學意義以內容爲主，而不重視形式。有清一代，則以沈思翰藻爲文學之意義。

丁、中日西洋之文學意義

中日西洋學者闡述文學意義，異說紛紜，莫衷一是，玆臚列於后：

中國闡述文學意義之學者綦多，今舉其犖犖大者，如胡適什麼是文學云：

語言文字都是人類達意表情的工具，達意達的好，表情表的妙，便是文學。但是怎麼才是「好」與

「妙」呢？這就很難說了。我曾用最淺近的話說明如下：「文學有三個要件：第一要明白清楚，第二要有力、能動人，第三要美。」因爲文學不過是最能盡職的語言文字，因爲文學的基本作用（職務）還是「達意表情」，故第一個條件是要把情或意，明白清楚的表出達出，使人懂得，使人容易懂得，使人決不會誤解。（註五九）

羅家倫什麼是文學亦云：

文學是人生的表現和批評，從最好的思想裏寫下來的，有想像，有感情，有體裁，有合於藝術的組織；集此衆長，能使人類普遍心理，都覺得他是極明瞭、極有趣的東西。（註六〇）

汪祖華文學論亦云：

文學，是用文字的形式，表示純粹感情，博大思想，和精切想像的紀錄。是個性的表張，爲人生的反映。（註六一）

註五六：見柳宗元集（柳宗元撰），冊二，卷三十四，頁八七三。

註五七：見章實齋文史通義，頁三七七。

註五八：見阮元揅經室三集，卷二，頁三六二。

註五九：見胡適文存（胡適著），第一集，卷一，頁二一五。

註六〇：見新潮雜誌（東方文化書局印行，原國立北京大學出版部發行），第一册，第一卷第二號，頁一九四。

註六一：見汪祖華文學論，第一章文學的定義，頁九。

劉萍文學概論亦云：

文學，是作者藉文字的組織，以表達其思想與情感的。（註六二）

王志健文學論亦云：

文學是作者依據語言文字，表現其思想感情；通過想像與技巧的創造，而予以美的完成。（註六三）

陳鍾凡中國文學批評史亦云：

文學者，抒寫人類之想像、感情、思想，整之以辭藻、聲律，使讀者感其興趣洋溢之作品也。（註六四）

傅庚生中國文學批評通論亦云：

文學者，抒寫作者之感情、思想，起之以想像，振之以辭藻與聲律（形式），以訴諸讀者之感情而資存在之文字也。（註六五）

謝師冰瑩文學淺論亦云：

文學是以熱烈的感情，正確的思想，豐富的經驗，優美的文字來描寫社會，表現人生，批評人生的一種學問。（註六六）

李師辰冬什麼叫文學亦云：

凡作者的意識用意象來表現，而表現時以文字爲工具的謂之文學。（註六七）

黃師錦鋐從感情理智科學的角度去看莊子的文學亦云：

所謂文學，是爲了要表達某一思想，通過了作者的想像和感情，用藝術的方法寫成的文字。（註六八）

日人本間久雄文學概論亦云：

文學是通過作者的「想像」、「感情」而訴於讀者的想像感情，所以把所謂激動讀者爲第一的條件，把非專門的形式，使一般的人容易了解爲第二的條件，把給與讀者以所謂美底滿足的快樂爲第三的條件。不用說，用了文字寫出來的表現，更是根本的條件。（註六九）

西洋闡釋文學意義之學者亦夥矣，玆舉數家，以明之。如英國文學批評家華舍斯德（Worcester, 1784 - 1865）文學批評史云：

註六二：見劉萍文學概論，第二章文學的定義，頁四一。

註六三：見王志健文學論第一章文學的涵義，頁二五。

註六四：見陳鍾凡中國文學批評史，第一章文學之義界，頁四。

註六五：見傅庚生中國文學批評通論，第一章文學之義界，頁九。

註六六：見謝師冰瑩我怎樣寫作，頁三。

註六七：見李師辰冬文學欣賞的新途徑，頁三十三。

註六八：見黃師錦鋐莊子及其文學，頁五九。

註六九：見本間久雄文學概論，第一編第一章文學的定義，頁十五。

文學就是學問、知識、想像的結果，保存於書面。（註七〇）

其所謂「文學」，猶周秦兩漢之所謂「文學」，泛指一切學術而言。又如法國文學家戈克拉爾（Gauckler）美和它的歷史（Le Beau et Son Historie 1873）云：

文學是文字的藝術，而作爲詩學、散文學、及演說術表現出來的。（註七一）

其所謂「文學」，則偏重於文字之藝術。又如德國哲學家哈特曼（Eduard Von Hartmann）云：

所謂文學，是用語言表現出來的藝術，它不外是美的形成的一種。（註七二）

此所謂「文學」，則偏重於美之藝術而已。又如美國普林斯頓大學亨特（Theodore W. Hunt）文學原理及問題（Literature, its Principles and Problem）云：

文學者，乃以通過想像、情感及趣味之文字所表現之思想；表現時，不用專門形式，使一般人易於了解，並引起興趣者也。（註七二）

近代西洋學者闡述文學之意義，見仁見智，其中比較恰當者，葉師慶炳以爲亨特可當之無愧矣。（註七四）

綜觀上述，各家所謂之文學意義，雖觀點與見解不同，然不外乎文學與非文學。所謂文學者，純文學也，指詞章之文學而言，一言以蔽之曰文；所謂非文學者，雜文學也，指學術之文學而言，一言以蔽之曰筆。

戊、比較適當之文學意義

文學之定義，自古及今，中外學者皆未嘗有十全十美之闡釋，故郁達夫云：

天下的事情，比下定義更難的，恐怕不多；天下的事情，比下定義更愚的，恐怕也是很少，尤其是文學的定義。（註七五）

蓋文學之意義，與時代之背景，社會之變遷以及人類思想境界之拓展，與人類生活領域之開發，皆有密不可分之關聯；尤其與時代之關係，更爲密切，故文學之定義，則難以確立。然文學之定義，究不能因其難而不定。茲綜合各家之卓見，而擬一比較明晰且妥善之文學定義：

所謂文學，乃作者欲表達某一高超之思想，憑其豐富之想像，熱烈之情感，以藝術之手腕而撰寫之文字。

註七〇：見註六二，頁二八引。
註七一：見註六二，頁三〇引。
註七二：見洪炎秋文學概論，第一章文學是什麼，頁二九引。
註七三：見註五二：頁二引。
註七四：見同註七三。
註七五：見註六一，頁一引。

易言之，文學須具備文字、思想、情感、想像、藝術等五大要素，方爲比較合理之文學定義。簡言之，文學之定義，不外包含內容與形式兩大項目。職是之故，莊子之文學，即本乎內容與形式而撰之。本論文第二章所討論者，皆爲莊子之思想內容影響後世之文學理論，此就莊書之內容而探討之；第三章所探究者，則爲莊子文章之特色，此就莊書之形式而探討之。昔人謂莊子盡善矣，盡美矣，神而不可及（註七六），本論文探究其內容、形式與文學之關係，俾略知其善其美之處，雖未能窺其全貌，然可知其美而善之梗概矣。

註七六：案明方正學云：「莊子神於文者，非工於文者所可及。」（見王夫之莊子解，頁四，董思凝序引。又淸林雲銘讀莊子法云：「莊子或取其文，不求其理；或詮其理，不論其文，其失一也。須知有天地來止有此一段（或作種）至理，有天地來止有此一段（或作種）至文，絕不許前人開發一字，後人摹倣一字，至其文中之理，理中之文，知其解者，旦暮遇之也。」（見昭代叢書，卷十九，頁六至七。）

第二章　莊子之文學理論

第一節　共通思想之文學理論

甲、莊子之共通思想

莊子雖主張生死如一、萬物一體、心齋坐忘，然最主要之理想，乃道通爲一，而道通爲一，即其共通思想。故莊子齊物論篇云：

物固有所然，物固有所可。无物不然，无物不可。故爲是舉莛與楹，厲與西施，恢恑憰怪，道通爲一。其分也，成也；其成也，毀也。凡物无成與毀，復通爲一。唯達者知通爲一，爲是不用而寓諸庸。（註一）

由是觀之，則莊子以爲莛與楹無殊，厲與西施無異，恢恑憰怪無別，此爲莊子共通思想之理論基礎。

莊子之共通思想有三：一爲天人共通，二爲物我共通，三爲有無共通。茲分別闡釋如下：

一、天人共通

註一：見郭慶藩莊子集釋，頁六九至七〇。

莊子思想之本質，乃求心靈之和諧，以達逍遙之理想境界，故須求天人合一。何謂天？何謂人黃師錦鋐云：

莊子所謂天，其實就是一個大自然，也就是所謂道，我姑且稱之爲本體界。人是指萬物，當然也包括人類，我姑且稱之爲人生界。（註二）

案郭象注云：

天也者，自然者也。（註三）

所謂天人共通，卽自然與萬物共通，由此可證。

萬物爲自然之一耳，萬物之盛衰興替不絕循環，是以自然永在。就萬物之個體而言，所有物體皆瞬息萬變；然就整個之本體而言，個體與本體則一成不變。蘇東坡赤壁賦所謂：

自其變者而觀之，則天地曾不能以一瞬，自其不變者而觀之，則物與我皆無盡也。（註四）

卽此之謂也。又莊子德充符篇亦云：

自其異者視之，肝膽楚越也；自其同者視之，萬物皆一也。（註五）

蓋宇宙猶若大洪爐，萬物之個體宛如小木柴。萬物之生死存亡，譬若木柴置於洪爐之中，然洪爐之火燄常存，木柴亦永在。易言之，宇宙永在，個體亦然。此宇宙與萬物之關係，可謂共通矣。

又案：孟子盡心上篇云：

萬物皆備於我矣。反身而誠，樂莫大焉。（註六）

則所謂天人共通，亦卽自然與我共通。齊物論篇云：

非彼无我，非我无所取。（註七）

案成玄英疏云：

彼，自然也。取，稟受也。若非自然，誰能生我？若無有我，誰稟自然乎？（註八）

據此可知，無自然則無我，無我亦無自然，故自然與我爲一，密不可分。是以大宗師篇云：

庸詎知吾所謂天之非人乎？所謂人之非天乎？（註九）

案郭象注云：

我生有涯，天也；心欲益之，人也。然此人之所謂耳，物無非天也。天也者，自然者也；人皆自然

註二：見莊子的共通律及其對文學理論之影響，中華文化復興月刊，第十四卷第十期，頁五九。

註三：見註一，頁二二六。

註四：見蘇東坡全集上冊，頁二六八。

註五：見註一，頁一九〇。

註六：見孟子注疏（漢趙岐注，宋孫奭疏），頁二二九。

註七：見註一，頁五五。

註八：見註一，頁五六。

註九：見註一，頁二二五。

則治亂成敗，遇與不遇，非人爲也，皆自然耳。（註一〇）此謂天人共通者也。天人共通，乃莊子就本體界而言。職是之故，莊子以爲道乃徧在，亦不可言，卽本乎此。若就人生界而言，則人欲順應自然，與時俱化，是以莊子理想中之眞人，卽太宗師篇所謂：

喜怒通四時，與物有宜，而莫知其極。（註一一）

喜怒爲人生，四時則爲自然，人生與自然共通，乃入道之門，亦人生修養之理想目標，更爲文學創作、批評之準繩。俟後詳述之。

二、物我共通

莊子先言天人共通，次言物我共通。宇宙乃連續運動之整體，萬物於此整體之中，若驟若馳，無動而不變，無時而不移，以構成此整體。而萬物又有個體，此個體自宇宙連續運動之中分出。故曹受坤先生云：

人在天地之間：其生也，固爲連續運動中偶然之成形；其動也，亦爲連續運動中自然之搖蕩而已。（註一二）

就人類而言，卽吾人之身軀；就物而言，卽個別之對象；於是物與我則對立矣。以我觀物，物者爲非，我者則爲是，是非之論迭起，終無休止；其實萬物本爲宇宙連續運動整體之一而已。就整個而言，則個體皆爲共通，故物我共通。齊物論篇云：

物无非彼，物无非是。自彼則不見，自知則知之。故曰彼出於是，是亦因彼，彼是方生之說也。（註一三）

此謂彼此是非並生，則無我是彼非之可言矣。故莊子主張以道觀物，不可以物觀物。此秋水篇所謂：

以道觀之，物无貴賤；以物觀之，自貴而相賤。（註一四）

莊子就本體界而言，以道觀物，則物無貴賤之分；以物觀物，則以己者爲貴，以物者爲賤。此莊子物我共通之理論根據。至於宋季，邵雍據莊子物我共通之理論，應用於人生修爲，而近人王國維則運用於文學理論，其詳容後述。

三、有無共通

莊子以宇宙萬物爲有無共通之構體。宇宙乃時間與空間之結構，似有；然時間忽焉逝矣，而空間並不固定，又似無，此有無共通者也。又萬物雖有，然其更迭變易，又似無，此亦有無共通之理也。

註一〇：見同註一。

註一一：見註一，頁二三〇至二三一。

註一二：見莊子集成初編，冊三十一，曹受坤莊子哲學，頁六三。

註一三：見註一，頁六六。

註一四：見註一，頁五七七。

故齊物論篇云：

有有也者，有无也者，有未始有无也者，有未始有夫未始有无也者。俄而有无矣，而未知有无之果，孰有孰无也。（註一五）

此謂有無共通者也。王先謙集解云：

忽而有有言者，有無言者，然有者或情已竭，無者或意未盡，是有者爲無，無者爲有。故曰：未知有無之果孰有孰無也。（註一六）

此詮釋亦有亦無，有無共通之意義。又淮南子俶眞訓亦闡釋有無之意義，其言曰：

有有者，言萬物摻落，根莖枝葉，青葱苓龍，萑扈炫煌，蠉飛蝡動，蚑行噲息，可切循把握而有數量。有無者，視之不見其形，聽之不聞其聲，捫之不可得也，望之不可極也。儲與扈冶，浩浩瀚瀚，不可隱儀揆度而通光耀者。（註一七）

此謂宇宙乃有無共通之本體。有無之分，指人生界而言。莊子有無共通，即亦有亦無，若有若無。此有無共通之思想，對文學藝術，亦有莫大之影響，其詳俟後敍述。

乙、共通思想對文學理論之影響

莊子共通思想對文學理論之影響，既深且鉅。玆依天人共通、物我共通、有無共通，分述於後：

先言天人共通。天人共通，即本體界與自然界共通；易言之，即自然與萬物共通、自然與我共通、自然與人生共通。此乃文學創作、批評之準則，何哉？王國維云：

> 自然中之物，互相關係，互相限制，然其寫之於文學及美術中也，必遺其關係、限制之處。故雖寫實家，亦理想家也。又雖如何虛構之境，其材料必求之於自然，而其構造，亦必從自然之法則。故雖理想家，亦寫實家也。（註一八）

理想屬於虛構，而寫實則來自人生，文學作品雖來自人生，然須超乎人生之拘束，而步入理想之虛構，其作品方爲貴。古今中外之文學作品，雖皆來自現實人生，然咸有作者之精神生命注入其中，故古人創作，有嘔心肝乃已。理想與現實之共通，既爲文學創作之基本條件，亦爲文學家必具之學養。王國維又云：

> 有造境，有寫境，此理想與寫實二派之所由分。然二者頗難分別。因大詩人所造之境，必合乎自然，所寫之境，亦必鄰於理想故也。（註一九）

造境屬於自然之理想，而寫境則屬於現實之人生，二者兼備，方爲大詩人。故天人共通，爲大詩人應

註一五：見註一，頁七九。

註一六：見王先謙莊子集解，頁二七。

註一七：見劉安淮南子，卷二，頁一下。

註一八：人間詞話，頁三。

註一九：見註一八，頁一。

有之修養，亦爲文學作品必具之條件。王國維以爲「采菊東籬下，悠然見南山。山氣日夕佳，飛鳥相與還。」「天似穹廬，籠蓋四野，天蒼蒼，野茫茫，風吹草低見牛羊。」寫景如此，方爲不隔。（註二〇）又白石寫景之作，如「二十四橋仍在，波心蕩，冷月無聲。」「數峯清苦，商略黃昏雨。」「高樹晚蟬，說西風消息。」雖格韻高絕，然如霧裏看花，終隔一層。（註二一）王國維並未言及隔與不隔之分，然就其例觀之，則以天人共通與否爲別。「採菊東籬下，悠然見南山。」，此人與自然共通，蓋「採菊東籬下」爲「人爲」，而「悠然見南山」爲「自然」，故後人評曰：「不知何者是我，何者是山。」此言山與我合而爲一。王維終南別業詩云：

　行到水窮處，坐看雲起時。（註二二）

「行到」，乃人爲；而「水窮處」，則爲自然；此人與自然共通。又「坐看」，乃人爲，「雲起時時」則爲自然，此亦人與自然共通。又李太白獨坐敬亭山詩云：

　衆鳥高飛盡，孤雲獨去閑。相看兩不厭，只有敬亭山。（註二三）

案鍾惺唐詩歸云：「胸中無事，眼中無人。」（註二四）又黃叔燦唐詩箋注云：「『盡』字、『閑』字是『不厭』之魂，『相看』下著『兩』字，與敬亭山對若賓主，共爲領略，妙！」（註二五）由此觀之，則敬亭山與作者共爲一體，亦爲天人共通者也。又辛棄疾賀新郎詞云：

　我見青山多嫵媚，料青山、見我應如是。（註二六）

此謂青山與我共爲一體，亦爲天人共通者也。

而「高樹晚蟬，說西風消息。」，王國維以爲「終隔一層」，蓋有我之色，故人與自然不共通。

王國維又云：

問「隔」與「不隔」之別，曰：陶謝之詩不隔，延年則稍隔矣。東坡之詩不隔，山谷則稍隔矣。（註二七）

王國維謂陶謝之詩不隔，蓋陶謝詩具有人與自然共通之眞趣。王常宗評陶淵明云：

淵明臨流而賦詩，見山而忘言。殆不可謂見山不賦詩，臨流不忘言。又可謂見山必忘言，臨流必賦詩，蓋其胸中似與天地同流。（註二八）

此言「胸中似與天地同流」，卽陶淵明天人共通之胸襟，故其賦詩爲文皆有甚高之境界矣。如陶淵明

註二〇：見註一八，頁二六。
註二一：見註一八，頁二三。
註二二：見全唐詩，冊二，卷一百二十六，頁一二七六。
註二三：見李太白全集（李白著，王載菴輯注），卷二十三，頁五二三。
註二四：見東北大學寄存師大國文系圖書，鍾惺唐詩歸，卷十六，頁十二。
註二五：鍾黃二氏語，見唐人絕句評注，頁五二。
註二六：見全宋詞，冊三，頁一九一五。
註二七：見註一八，頁二四。
註二八：見註二，頁六十引。

飲酒第五首云：

結廬在人境，而無車馬喧。問君何能爾，心遠地自偏。（註二九）

此言由人而天之最佳闡釋，亦卽天人共通。又陶淵明之歸去來兮辭云：

門雖設而常關。（註三〇）

陶淵明爲有人之形，須羣於人，故設有一門；然陶淵明無人之情，而是非又不得於身，故「門雖設而常關」。陶淵明旣有入世之思想，又有出世之胸懷，似在人間，而又能入自然，則「門雖設而常關」，可謂陶氏言行之寫照。故蘇東坡云：

孔子不取微生高，孟子不取於陵仲子，惡其不情也。淵明欲仕則仕，不以求之爲嫌；欲隱則隱，不以去之爲高。飢則扣門而乞食，飽則雞黍以延客，古今賢之，貴其眞也。（註三一）

後人評謝靈運詩自然，顏延年詩雕琢，此蓋王國維謂「陶謝之詩不隔，延年則稍隔矣。」之故也。徐復觀云：

詩詞的隔與不隔，先粗淺而概略的站在讀者的立場說，作者所寫的景，所言的情，能與讀者直接照面，那便是不隔。若不能與讀者直接照面，不僅須讀者從文字上轉彎抹角地去摸索，並且摸索以後，還得不到什麼，那便是隔。若就作者的創作過程說，作者把他所要寫的景，所要言的情，抓住觀照、感動的一刹那，而當下表現出其原有之姿，不使與它無關涉的東西，滲雜到裏面去，這便是不隔。若當下不能表現其原有之姿的表層，蒙上了假借物的或深或淺的雲霧，這便是隔。劉勰文心雕龍明詩篇所說的「直而不野」的「直」，鍾嶸詩品序所說的「皆因直尋」的「直尋」，李太白古風所說的「垂衣貴淸眞」的「眞」，都指的是不隔。不隔的，表現得眞而完全；隔的，表現得不夠眞，因之也不完全。（註三二）

所謂表現出其原有之姿，即王國維所謂「語語都在目前，便是不隔」。如歐陽公少年游詠春草上半闋云：「闌干十二獨凭春，晴碧遠連雲。千里萬里，二月三月，行色苦愁人。」（註三三）

至若寫情，王國維亦有隔與不隔之別，此標準以天人共通與否爲斷。莊子論情，亦有天人共通，如德充符篇云：

惠子謂莊子曰：「人故无情乎？」莊子曰：「然。」惠子曰：「人而无情，何以謂之人？」莊子曰：「道與之貌，天與之形，惡得不謂之人？」惠子曰：「旣謂之人，惡得无情？」莊子曰：「是非吾所謂情也，吾所謂无情者，言人之不以好惡內傷其身，常因自然而不益生也。」惠子曰：「不益生，何以有其身？」莊子曰：「道與之貌，天與之形，無以好惡內傷其身。今子外乎子之神，勞乎子之

註二九：見陶澍集注靖節先生集，卷之三，頁二七。

註三〇：見註二九，卷之五，頁十二。

註三一：見明毛晉輯，增補津逮秘書，冊九，東坡題跋，卷之三，頁六七二七。

註三二：見徐復觀中國文學論集，頁一一八至一一九。

註三三：見註一八，頁二四至二五。

精，倚樹而吟，據槁梧而瞑。天選子之形，子以堅白鳴！」（註三四）

莊子將情感分爲二：一爲人類世俗之情，稱爲人生界之情；二爲不以好惡內傷其身，常因自然而不益生之情，稱爲自然之情。莊子以爲人生界之情，必以好惡而內傷其身，爲莊子所不取，必以人生與自然共通之情，方不以好惡而內傷其身。惠子但知人生界之情，而不知人生與自然共通之情，故莊子謂惠子曰：「今子外乎子之神，勞乎子之精，倚樹而吟，據槁梧而瞑。天選子之形，子以堅白鳴。」

就文學中之情而言，人生界之情誠可貴，然須與自然共通，則境界更高；蓋人生界之情，含有一己之私情，愛之欲其生，惡之欲其死；此與自然界之情不共通，終隔一層。王國維云：「生年不滿百，常懷千歲憂。晝短苦夜長，何不秉燭遊？」「服食求神仙，多爲藥所誤，不如飲美酒，被服紈與素。」寫情如此，方爲不隔。（註三五）所謂不隔，蓋以人同此心，心同此理，爲人所共有，可謂情眞。然此情乃人生界之情，以境界而言，則不高矣。人生界與自然界共通之情，爲人類情感之昇華，看似無情，其實乃至情。至樂篇云：莊子妻死，惠子弔之，莊子則方箕踞鼓盆而歌。惠子曰：「與人居，長子老身，死不哭亦足矣，又鼓盆而歌，不亦甚乎！」莊子曰：「不然。是其始死也，我獨何能无槪然！察其始而本无生，非徒无生也而本无形，非徒无形也而本无氣。雜乎芒芴之間，變而有氣，氣變而有形，形變而有生，今又變而之死，是相與爲春秋冬夏四時行也。人且偃然寢於巨室，而我噭噭然隨而哭之，自以爲不通乎命，故止也。」（註三六）

據此可知，莊子有人生之情，其妻方死，則曰「我獨何能无概然」，足見其悲慟。然莊子忽悟人本無生，其生死之變，猶如春夏秋冬之更迭，乃將人生界悲傷之情與自然界循環之理共通，故不悲矣。此無情之情，勝於人生悲喜之情。又太康詩人，後世評其「兒女情多，風雲氣少」。陸士衡之詩，詩品稱其「才高詞贍，舉體華美，咀嚼英華，厭飫膏澤」；而沈德潛評其「辭旨浮淡，但工塗澤，復何貴乎」。（註三七）揆其主因，蓋人生界之情多，自然界之情寡。王國維評周美成詞云：

美成深遠之致不及歐秦。唯言情體物，窮極工巧，故不失為第一流之作者。但恨創調之才多，創意之才少耳。（註三八）

王國維稱周美成為第一流作者，然嫌其不與自然界中之情共通，故創調有餘，而創意則不足，此其美中不足也。試觀周美成之少年游云：

并刀如水，吳鹽勝雪，纖手破新橙。錦幄初溫，獸煙不斷，相對坐調笙。低聲問：向誰行宿？城上已三更。馬滑霜濃，不如休去，眞是少人行！（註三九）

註三四：見註一，頁二二〇至二二二。
註三五：見同註一九。
註三六：見註一，頁六一四至六一五。
註三七：見同註二七。
註三八：見註一八，頁一八。
註三九：見片玉集，卷六，頁一至二。　二。

周氏描情如畫，麗極而淸，淸極而婉，可謂工矣。然人與自然不共通，蓋入世之情多，出世之功寡，此王國維爲之惋惜而鄭騫以爲誕妄之主因。（註四〇）

綜觀所述，人與自然共通之文學，乃上乘之作；而上乘之作須入世與出世結合之表現，換言之，卽現實與理想合而爲一。創作文學時，欲自現實而步入理想，並使現實與理想融合爲一，黃師錦鋐以爲須沖破堅硬之外殼（黑格爾美學語），然則欲沖破堅硬之外殼，又須心靈之溝通與作者之體驗，始奏膚功。

次言物我共通。莊子以道觀物，乃就本體界而言，此卽物我共通。而宋邵雍則據此理論，應用於人生，而主張反觀。所謂反觀，卽消除自我以觀萬物。邵雍皇極經世觀物內篇云：

聖人之所以能一萬物之情者，謂其能反觀也。所以謂之反觀者，不以我觀物也。不以我觀物者，以物觀物。旣能以物觀物，又安有我於其間哉！（註四一）

此就人生界而言。邵雍以爲消除自我，觀察宇宙萬物，方能明確。觀物外篇又云：

任我則情，情則蔽，蔽則昏矣。因物則性，性則神，神則明矣。（註四二）

此言不可以有色之眼鏡觀人，否則偏矣。故觀物外篇又云：

以物觀物，性也；以我觀物，情也。性公而明，情偏而暗。（註四三）

就人生界而言，性爲情之未發，情爲性之已發。未發之性，悠任天然，廓然至公，對萬物之情，則無偏無私，一視同仁，故曰：「性公而明」。已發之情，雜有形氣之私，含有自我之成分，則難免有偏。

就人生修爲而言，有其疏漏，故曰：「情偏而暗」。職是之故，欲「一萬物之情」，俾物我共通，以物喜物，以物悲物，不以我喜物，不以我悲物，而能以萬物之目觀物，則所觀之物，既公而明矣。誠如觀物內篇所云：

是知我亦人也，人亦我也，我與人皆物也。此所以能用天下之目爲己之目，其目無所不觀矣。（註四四）

綜上所論，莊子之物我共通，欲消除宇宙萬物之對立，而邵雍之物我共通，則欲消除觀物之偏差。就文學而言，則以物觀物，以我觀物，各有境界。故王國維云：

境非獨景物也，喜怒哀樂亦人心中之一境界。故能寫眞景物、眞感情者，謂之有境界。否則謂之無境界。（註四五）

註四〇：案鄭騫云：「此不過尋常狎邪之詞，貴耳集乃云，在李師師家作，詠徽宗與師師情事，且造出一大段故實，殊爲誕妄；王國維清眞集先生遺事辨之甚詳。」（見鄭騫詞選第三編，頁七二至七三。）

註四一：見皇極經世，冊二，觀物篇之六十二（內篇之十二），頁二十六下。

註四二：見註四一，觀物外篇下，卷之八下，頁二十七下。

註四三：見註四二，頁十六下。

註四四：見註四一，頁二十七下。

註四五：見同註一八。

王國維將邵雍以物觀物之性，與以我觀物之情，區分為二，以闡明文學中之境界。其言曰：

有有我之境，有無我之境。「淚眼問花花不語，亂紅飛過秋千去。」「可堪孤館閉春寒，杜鵑聲裏斜陽暮。」有我之境也。「采菊東籬下，悠然見南山。」「寒波澹澹起，白鳥悠悠下。」無我之境也。有我之境，以我觀物，故物皆著我之色彩。無我之境，以物觀物，故不知何者為我，何者為物。（註四六）

王國維以物觀物，以我觀物之文學觀，其淵源於莊子以道觀物，以物觀物之本體觀，與邵雍以物觀物，以我觀物之人生觀。王國維就文學而拈出有我之境、無我之境，頗有創見，而引以為自豪。其言曰：

滄浪所謂興趣，阮亭所謂神韻，猶不過道其面目；不若鄙人拈出「境界」二字，為探其本也。（註四七）

所謂境界，就字面意義而言，為土壤彼此交接；就佛教之意義而言，為六識所別之各自對象。要而言之，皆有共通之義，乃呈之於心，而見諸物之瞬息景象。惟有詩人始能將瞬息之景象，鏤諸不巧之文字。故王國維雖分境界為多種，謂「境界有大小，不以是而分優劣」（註四八），然言外之意，仍以共通為高。王氏闡釋有我之境、無我之境以後，又云：

古人為詞，寫有我之境為多，然未始不能寫無我之境，此在豪傑之士能自樹立耳。（註四九）

據此可知，王氏以無我之境為高，所謂無我之境，卽物我共通，不知何者為我，何者為物之境界。王國維又云：

有造境，有寫境，此理想與寫實二派之所由分。然二者頗難分。因大詩人所造之境，必合乎自然，所寫之境，亦必鄰於理想故也。（註五〇）

此謂境界以共通爲高。王國維以爲「有境界則自成高格，自有名句」（註五一），良有以也。

物我共通，不止爲莊子本體觀之依據，亦爲邵雍人生觀之理想，更爲王國維文學觀之準則。王國維云：

「紅杏枝頭春意鬧」，著一「鬧」字，而境界全出。「雲破月來花弄影」，著一「弄」字，而境界全出矣。（註五二）

「鬧」與「弄」，乃物我共通之橋梁。此寫景之共通者也。亦有寫情之物我共通者，如顧敻訴衷情云：

註四六：見註一八，頁一至二。
註四七：見註一八，頁五。
註四八：見註一八，頁四。
註四九：見註一八，頁二。
註五〇：見註一八，頁一。
註五一：見同註五〇。
註五二：見同註一八。

永夜拋人何處去？絕來音。香閣掩，眉斂，月將沉，爭忍不相尋？怨孤衾。換我心，爲你心，始知相憶深。（註五三）

此描繪愛情之深，而將二人共通者也。故王士禎花草蒙拾云：「顧太尉：『換我心，爲你心，始知相憶深。』自是透骨情語。」（註五四）洵爲確評。

物我共通，不徒用之於空間景物，亦可用之於時間景物，如「今人不見古時月，今月曾經照古人」。此將無限長之時間景物與當前之景物共通，令人興思古幽情。故王國維云：詩人之眼，則通古今而觀之。詞人觀物，須用詩人之眼，不可用政治家之眼。（註五六）（註五五）即謂此也。蓋政治家之眼，囿於一人一事一物，物我不共通；惟有詩人之眼，不域於一人一事一物，方能物我共通。

綜觀上述，則莊子之物我共通思想，對文學理論之影響，可謂既深且遠。

再言有無共通。莊子有無共通，乃亦有亦無，似有似無之規律，此規律用之於文學藝術，頗有其重要之作用。如音樂演奏會，歌聲固然可貴，然其停頓之時，具有「無聲勝有聲」之感。一幅圖畫，畫像或景物固然有藝術價值，然空白之處，亦有藝術作用。

有無共通之思想，用諸文學者夥矣，茲分文、賦、詩、詞四方面，以闡述之。

有無共通思想，用之於文者，如陶淵明桃花源記云：

晉太元中，武陵人，捕魚爲業。緣溪行，忘路之遠近；忽逢桃花林，夾岸數百步，中無雜樹，芳草鮮美，落英繽紛，漁人甚異之。復前行，欲窮其林。林盡水源，便得一山。山有小口，髣髴若有光；便捨船，從口入。

初極狹，纔通人；復行數十步，豁然開朗。土地平曠，屋舍儼然，有良田、美池、桑、竹之屬。阡陌交通，雞犬相聞。其中往來種作，男女衣著，悉如外人；黃髮垂髫，並怡然自樂。見漁人，乃大驚，問所從來；具答之。便要還家，設酒，殺雞，作食。村中聞有此人，咸來問訊。自云：先世避秦時亂，率妻子邑人來此絕境，不復出焉；遂與外人間隔。問「今是何世？」乃不知有漢，無論魏晉。此人一一爲具言，所聞皆歎惋。餘人各復延至其家，皆出酒食。停數日，辭去。此中人語云：「不足爲外人道也。」

既出，得其船，便扶向路，處處誌之。及郡下，詣太守，說如此。太守即遣人隨其往，尋向所誌，遂迷不復得路。

南陽劉子驥，高尚士也，聞之，欣然規往，未果；尋病終。後遂無問津者。（註五七）

註五三：見後蜀趙崇祚花間集，卷八，頁六十二至六十三。

註五四：見唐圭璋詞話叢編，冊二，頁六六六八。

註五五：見李太白全集，卷二十，頁四五七。

註五六：見註一八，頁五八。

註五七：見註二九，卷之六，頁一至二。

陶氏描述桃花源之情狀，栩栩如生，似有其事，然太守遣人尋所誌而迷不可得，南陽劉氏擬規往而未果，後遂無問津者，則又似無，蓋無中生有之故也；此若有若無之有無共通者也。

有無共通思想，用諸辭賦者，如宋玉登徒子好色賦云：

天下之佳人，莫若楚國；楚國之麗者，莫若臣里；臣里之美者，莫若臣東家之子。東家之子，增之一分則太長，減之一分則太短；著粉則太白，施朱則太赤；眉如翠羽，肌如白雪，腰如束素，齒如含貝。嫣然一笑，惑陽城，迷下蔡。（註五八）

宋玉描繪穠纖合度之美人，其中「增之一分則太長，減之一分則太短；著粉則太白，施朱則太赤」，可謂若有若無，有無共通之手法。蓋乍看之下，似描述脩短合度，丹脣皓齒之美女，然細察之，則未有人之形像；此文學家常用之寫作技巧。又如曹子建洛神賦描寫洛神，則云：

其形也，翩若驚鴻，婉若遊龍，榮曜秋菊，華茂春松。髣髴兮若輕雲之蔽月，飄颻兮若流風之迴雪。遠而望之，皎若太陽升朝霞，迫而察之，灼若芙蕖出淥波。穠纖得衷，脩短合度。肩若削成，腰如約素。延頸秀項，皓質呈露。（註五九）

曹氏描述洛神飄飄似仙女下凡，然細察之，則未有人之形像，此寫神不寫形，其意則用有無共通之理也。又如陸機文賦云：

觀古今於須臾，撫四海於一瞬。（註六〇）

無「古今之須臾」，焉得顯現無限長之時間；無「四海之一瞬」，安能表現無窮大之空間？此亦有無共通者也。又如蘇東坡赤壁賦云：

寄蜉蝣於天地，眇滄海之一粟，哀吾生之須臾，羨長江之無窮。（註六一）

無「滄海之一粟」，則不能顯出無窮之空間；無「吾生之須臾」，則不足以表現無限之時間。此有無相形，始知無窮之意。此亦有無共通者也。

有無共通之思想，亦有用之於詩歌者，如孟浩然閑游祕省，秋月新霽，諸英聯詩，次當浩然，句曰：「微雲淡河漢，疎雨滴梧桐。」舉座嗟其清絕，咸以之閣筆，不復爲繼。（註六二）此兩句詩，佳處何在？前人未嘗言及，黃師錦鋐以爲在於能通有無之趣，蓋雨滴枯桐，其聲清脆入耳，而雨疏則似無聲，此聲若有若無者也。若聲音巨響，固然不佳，然毫無聲響，亦不足以表達其意境，故聲在若有若無之間，所以最爲妙也。後人謂「山在虛無縹緲間」，同一意境。（註六三）

又如白居易琵琶行詩曰：

註五八：見蕭統文選，頁二七四。

註五九：見註五六，頁二七五。

註六〇：見註五六，頁二四六。

註六一：見同註四。

註六二：見計有功，唐詩紀事上冊，卷二十三，頁三四六。

註六三：見註二，頁六十三。案「山在虛無縹緲間」，出於白居易長恨歌詩句。（見註二二，冊七，卷四百三十五，頁四八一九）

尋聲暗問彈者誰？琵琶聲停欲語遲。移船相近邀相見，添酒迴燈重開宴。千呼萬喚始出來，猶抱琵琶半遮面。（註六四）

「千呼萬喚始出來」爲有，然「猶抱琵琶半遮面」似無，此似有似無之有無共通者也。又如賈島尋隱者不遇詩云：

松下問童子，言師採藥去，只在此山中，雲深不知處。（註六五）

「只在此山中」爲有，而「雲深不知處」似無，此亦似有似無之有無共通者也。又如柳宗元江雪詩云：

千山鳥飛絕，萬逕人蹤滅。孤舟蓑笠翁，獨釣寒江雪。（註六六）

「千山鳥飛絕，萬逕人蹤滅」，爲無；而「孤舟蓑笠翁，獨釣寒江雪」，爲有，此亦有無共通者也。

又如李商隱錦瑟詩云：

錦瑟無端五十絃，一絃一柱思華年，莊生曉夢迷蝴蝶，望帝春心託杜鵑。滄海月明珠有淚，藍田日暖玉生烟。此情可待成追憶，只是當時已惘然。（註六七）

「此情可待成追憶，只是當時已惘然」，此似有似無之情也，亦有無共通者也。

有無共通之思想，亦有用之於詞者，如李清照聲聲慢云：

尋尋覓覓，冷冷清清，淒淒慘慘戚戚。乍暖還寒時候，最（或作正）難將息。三杯兩盞淡酒，怎敵他晚來風急。雁過也，最（或作正）傷心，卻是舊時相識。滿地黃花堆積，憔悴損，如今有誰堪摘？守著窗兒，獨自怎生得黑！梧桐更兼細雨，到黃昏點點滴滴。這次第，怎一箇愁字了得！（註六

八）

此閔詞佳評如潮，如羅大經鶴林玉露云：

近時李易安詞云：尋尋覓覓，冷冷清清，淒淒慘慘戚戚。起頭連疊七字，以一婦人，乃能創意出奇如此。（註六九）

又楊愼詞品云：

宋人中塡詞，李易安亦稱冠絕，使在衣冠，當與秦七、黃九爭，不獨爭雄於閨閣也。其詞名漱玉集，尋之未得，「聲聲慢」一詞，最爲婉妙。（註七〇）

張端義貴耳集亦云：

此乃公孫大娘舞劍手，本朝非無能詞之士，未曾有一下十四疊字者，用文選諸賦格。後疊又云：「

註六四：見註二三，冊七，卷四百三十五，頁四八二一。
註六五：見註二三，冊九，卷五百七十四，頁六六九三。
註六六：見註二二，冊六，卷三百五十二，頁三九四八。
註六七：見李義山詩集（朱鶴齡箋註，沈厚塽輯評），卷上，頁一〇五至一〇六。
註六八：見李清照集（李清照著），頁三十一。
註六九：見鶴林玉露，卷十二，頁八。
註七〇：見詞品，冊一，卷二，頁七八。

梧桐更兼細雨，到黃昏點點滴滴」，又使疊字，俱無斧鑿痕。（註七一）

徐釚詞苑叢談亦云：

首句連下十四個疊字，眞似大珠小珠落玉盤也。（註七二）

梁紹壬兩般秋雨盦隨筆亦云：

至李易安詞：「尋尋覓覓，冷冷清清，淒淒慘慘戚戚」，連下十四疊字，則出奇勝格，眞匪夷所思矣。（註七三）

此不第由無而有之有無共通，而疊字運用之妙，存乎其心，非偶然拈得也。然喬夢符仿效之，則窘態畢露。陳廷焯白雨齋詞話云：

尋尋覓覓，冷冷清清，淒淒慘慘戚戚，易安雋句也。鶯鶯燕燕春春，花花柳柳眞眞，事事風風韻韻嬌嬌嫩嫩，停停當當人人，喬夢符效之，醜態百出矣。（註七四）

喬夢符之病，在有無不共通，但有有而未有無之故也。蓋詞章貴於含蓄，不貴於陳述。是以文學家創作，貴乎寫神而不貴乎寫形，以形可分而神不可分，可分者難以有無共通之筆法爲文爲詩爲詞爲賦。

綜觀上論，莊子之共通思想，雖可分爲天人共通、物我共通、有無共通，然一言以蔽之，共通二字耳。莊子之共通思想，既要入世，又要出世，故德充符篇云：

有人之形，无人之情。有人之形，故羣於人；无人之情，故是非不得於身。（註七五）

有人之形者，入世也；无人之情者，出世也。此入世與出世共通，用之於文學，文學創作始能臻於最高之境界。故王國維亦云：

> 詩人對宇宙人生，須入乎其內，又須出乎其外。入乎其內，故能寫之；出乎其外，故能觀之。入乎其內，故有生氣；出乎其外，故有高致。（註七六）

文學之創造，不止須入世之描述，亦須有出世之精神生命，此精神生命乃文學家精心之傑作，故文學家之任務，重在創造，不在記錄。（註七七）入世、出世共通，方能創造上乘之作。故王國維又云：

> 詩人必有輕視外物之意，故能以奴僕命風月。又必有重視外物之意，故能與花鳥共憂樂。（註七八）

文學作品能具有輕視外物之出世觀，又有重視外物之入世觀者，如杜子美、國父孫中山先生是也。杜子美之春望云：

國破山河在，城春草木深。感時花濺淚，恨別鳥驚心。烽火連三月，家書抵萬金。白頭搔更短，渾

註七一：見貴耳集，卷上，頁十七。

註七二：見詞苑叢談，卷三，頁五七。

註七三：見兩般秋雨盦隨筆，頁二，頁二五至二六。

註七四：見白雨齋詞話，卷七，頁八。

註七五：見註一，頁二一七。

註七六：見註一八，頁三五。

註七七：以上參考同註二。

註七八：見註一八，頁三五至三六。

欲不勝簪。（註七九）

案司馬光溫公續詩話云：

古人爲詩，貴于意在言外，使人思而得之，故言之者無罪，聞之者足以戒也。近世詩人，惟杜子美最得詩人之體，如「國破山河在，城春草木深。感時花濺淚，恨別鳥驚心」。山河在，明無餘物矣！草木深，明無人矣；花鳥，平時可娛之物，見之而泣，聞之而悲，則時可知矣。他皆類此，不可徧舉（註八〇）

又案黃師錦鋐則以爲杜氏具有入世出世共通之思想，方能「感時花濺淚，恨別鳥驚心」。（註八一）

又如國父　孫中山先生黃花岡烈士事略序云：

然是役也，碧血橫飛，浩氣四塞，草木爲之含悲，風雲因而變色，全國久蟄之人心，乃大興奮，怨憤所積，如怒濤排壑，不可遏抑，不半載而武昌之大革命以成。（註八二）

國父亦具有出世、入世共通之思想，始能「草木爲之含悲，風雲因而變色。」

莊子之共通思想，乃黃師錦鋐研究莊子之心得而創造此名，其實莊子本無「共通」之名，姑取「共通」一詞，便於解說耳。文學之境界雖多，然其眞境界一也，其實文學本無「境界」之名，姑取「境界」一詞，便於析論而已。故王國維云：

詩之三百篇，十九首，詞之五代、北宋，皆無題也。非無題也，詩詞中之意，不能以題盡之也。自花庵草堂每調立題，並古人無題之詞亦爲之作題。如觀一幅佳山水，而即曰此某山某河，可乎？詩有題而詩亡，詞有題而詞亡。然中材之士，鮮能知此而自振拔者矣。（註八三）

斯言甚諦。後生晚輩姑妄以莊子之共通思想，析論其對文學理論之影響，可謂中材以下之士也。

註七九：見杜詩鏡銓，頁一六三。

註八〇：見何文煥輯，歷代詩話上册，頁二七七至二七八。

註八一：見同註二。

註八二：見國立編繹館，七十一年一月修訂本八版，高中國文，第二册，第一課，頁一。

註八三：見註一八，頁三十三至三十四。

第二節　自然思想之文學理論

甲、莊子之自然思想

太史公曰：「老子所貴道，虛無因應，變化於無爲，故著書辭，稱微妙難識。莊子散道德放論，要亦歸之自然。」（註一）自然思想，乃莊子之學說要旨。「自然」一詞，老莊皆有提及。老子道德經十七章云：

功成事遂，百姓皆謂我自然。（註二）

案王弼注云：「自然，其端兆不可得而見也，其意趣不可得而覩也。」又云：「功成事遂，而百姓不知其所以然也。」（註三）而道德經二十五章云：

人法地，地法天，天法道，道法自然。（註四）

案王弼注云：「道不違自然，乃得其性，法自然也。在方而法方，在圓而法圓，於自然無所違也。自然者，無稱之言，窮極之辭也。」（註五）錢賓四先生亦云：「老子本義，人法地，地法天，天法至道，道至高無上，更無所取法，僅取法於道之本身之自己如此而止，故曰道法自然。非謂於道之上，道之外，又別有自然之一境也。」（註六）據此可知，自然非實體，乃「道」存在之型態，故自然卽自己如此、無心如此之謂也。莊子亦本乎此，故齊物論篇云：

已而不知其然，謂之道。（註七）

案成玄英疏云：「夫至人無心，有感斯應，譬彼明鏡，方玆虛谷，因循萬物，影響蒼生，不知所以然，不知所以應，豈有情於臧否而係於利害者乎！以法因人，可謂自然之道也。」（註八）所謂自然者，不知其然而然，不知其所以然也。

莊書中言及「自然」者凡八：

德充符篇云：

吾所謂无情者，言人之好惡內傷其身，常因自然而不益生也。（頁二二一）

案成玄英疏云：「因任自然之理，以此爲常；止於所稟之涯，不知生分。」（頁二二三）

註一：見司馬遷史記，卷六十三，頁八六三。

註二：見老子王弼注，頁二十二。

註三：見同註二。

註四：見註二，頁三五。

註五：見同註四。

註六：見莊老通辨，下卷，頁三八九。九。

註七：見郭慶藩莊子集釋，頁七十。本節爾後凡引莊子原文，逕標篇名、頁碼，不另加註。

註八：見註七，頁七十三。本節爾後凡引郭象注、成玄英疏，陸德明經典釋文，則逕標頁碼，不另加註。

應帝王篇云：

无名人曰：「汝遊心於淡，合氣於漠，順物自然而無容私焉，而天下治矣。」（頁二九四）

案成玄英疏云：「隨造化之物情，順自然之本性，無容私作法術，措意治之。放而任之，則物我全矣。」（頁二九五）

天運篇云：

至樂者，先應之以人事，順之以天理，行之以五德，應之以自然，然後調理四時，太和萬物。（頁五〇二）

案成玄英疏云：「雖復行於禮義之迹，而忘自然之本者也。此是第一奏也。」（頁五〇三）

天運篇云：

吾又奏之以无怠之聲，調之以自然之命，故若混逐叢生，林樂而无形；布揮而不曳，幽昏而无聲。（頁五〇七）

案郭象注云：「命之所有者，非爲也，皆自然耳。」又成玄英疏云：「凡百蒼生，皆以自然爲其性命。所以奏此咸池之樂者，方欲調造化之心靈，和自然之性命也已。」（頁五〇八）

繕性篇云：

當是時也，莫之爲而常自然。（頁五五〇至五五一）

案郭象注云：「物皆自然，故至一也。」又成玄英疏云：「莫之爲而自爲，無爲也；不知所以然而然，

自然也。故當是時也，人懷無爲之德，物含自然之道焉。（頁五五一）

秋水篇云：

以趣觀之，因其所然而然之，則萬物莫不然；因其所非而非之，則萬物莫不非；知堯桀之自然而相非，則趣操覩矣。（頁五七八）

案成玄英疏云：「然，猶是也。夫物皆自是，故無不是；物皆相非，故無不非。無不非，則天下無是矣；無不是，則天下無非矣。故以物情趣觀之，因其自是，則萬物莫不是；因其相非，則萬物莫不非矣。夫天下之極相反者，堯桀也，故舉堯桀之二君以明是非之兩義。故堯以無爲爲是，有欲爲非；桀以無爲爲非，有欲爲是；故曰知堯桀之自然相非。因此而言，則天下萬物情趣志操，可以見之矣。（頁五七九）

田子方篇云：

夫水之於汋也，无爲而才自然矣。（頁七一六）

案成玄英疏云：「言水之澄湛，其性自然，汲取利潤，非由修學。」（頁七一六）

漁父篇云：

禮者，世俗之所爲也；眞者，所以受於天也，自然不可易也。（頁一〇三二）

案成玄英疏云：「節文之禮，世俗爲之，眞實之性，稟乎大素，自然而然，故不可改易也。」（頁一〇三二）

審莊書中所謂「自然」者，惟獨秋水篇意義特殊，堯與桀對言，如「自然」與「相非」相對，則齊物論篇所言之「是」非，即秋水篇之「然」非，故此「自然」即自以爲是或自我肯定之意。（註九）其他各篇所謂之「自然」，皆指自己如此，不假他物，亦不爲其他因素所更易，故自然非物也。

「自然」一詞，其義有二：一爲自然界，二爲自然境界。所謂「自然界」者，乃指宇宙間有具體形象之物質界，泛指一切生物與非生物。而「自然境界」異於「自然界」，係指抽象之精神境界而言。研究「自然界」，其所得僅爲純粹知識耳，與莊子所言之自然，則大異其趣。牟宗三先生云：

莊子之自然，是境界，非今之所謂自然或自然主義也。今之自然界內之物事或自然主義所說者，皆是他然者，無一是自然。老莊之自然皆眞是「自己而然」者。（註一〇）

誠哉斯言。莊子所謂之「自然」，乃「自己而然」之「自然境界」也。所謂「自然境界」者，爲自然界之所有「現象」，經自然本體之「道」通而爲一以後，所提昇之境界也。故莊子之爲文也，必也自然界與自然境界並行而不背，而最終之理想目標則爲自然境界。（註一一）如齊物論篇云：

莛與楹，厲與西施，恢恑憰怪，道通爲一。（頁七十）

「莛與楹，厲與西施，恢恑憰怪」，皆自然界之現象也。「道」者，自然之本體也。故「道通爲一」，乃自然境界也。又如馬蹄篇云：

至德之世，其行塡塡，其視顚顚。當是時也，山无蹊隧，澤无舟梁；萬物羣生，連屬其鄉；禽獸成羣，草木遂長。是故禽獸可係羈而遊，鳥鵲之巢可攀援而闚。夫至德之世，同與禽獸居，族與萬物並，惡乎知君子小人哉！同乎无知，其德不離；同乎无欲，是謂素樸；素樸而民性得矣。（頁三三

四至二三六）

「山无蹊隧，澤無舟梁；萬物羣生，連屬其鄉；禽獸成羣，草木遂長。」此皆自然界者也。而「其行填填，其視顛顛。」「禽獸可係羈而遊，鳥鵲之巢可攀援而闚。」「同與禽獸居，族與萬物並，惡乎知君子小人哉！同乎无知，其德不離；同乎无欲，是謂素樸。」此咸爲自然境界者也。繇是觀之，則牟氏所謂自然界，即黃師所謂人生界中之自然界；牟氏所謂自然境界，即黃師所謂本體界中之自然界。

莊書中所言之「自然」，除秋水篇外，其餘各篇所言之「自然」，皆指自然境界之自然，而非自然界之自然。莊子本無心於文學理論，然後世用其思想於文學理論。莊子之自然思想對文學理論之影響，容下文探究之。

乙、自然思想對文學理論之影響

一、文學原於自然

「自然」，乃莊子思想之特色，其自然思想對文學理論之影響，可謂至深且鉅。「自然」爲文學之泉源，亦爲文學創作之準則，又爲文學批評之標準，是以不特文學原於自然，文學創作亦本乎自然，

註九：參閱王煜老莊思想論集，寓修道於技藝，頁四四〇。

註一〇：見才性與玄理，頁一七九。

註一一：參閱顏崑陽莊子自然主義研究，頁四至五。

文學批評亦出於自然。茲先就「文學原於自然」而討論之。

「自然」本爲莊子之哲學思想，劉彥和用之於文學理論，而撰文心雕龍。彥和文心雕龍原道篇云：

> 文之爲德也大矣，與天地並生者何哉！夫玄黃色雜，方圓體分，日月疊璧，以垂麗天之象；山川煥綺，以鋪理地之形；此蓋道之文也。（註一二）

文之意義，本爲文采之意。故考工記云：「青與白謂之文，赤與白謂之章。」爾後引申爲文辭之意。故左傳云：「言之無文，行之不遠。」文采既與天地並生，則日月麗天之象，山川理地之形，莫非自然之文采。有自然始有文采，文采原於自然；其理甚明。（註一三）彥和又云：

> 仰觀吐曜，俯察含章，高卑定位，故兩儀既生矣。惟人參之，性靈所鍾，是謂三才。爲五行之秀氣，實天地之心生；心生而言立，言立而文明，自然之道也。（註一四）

天地人，謂之三才。三才乃五行之秀氣，天地之心生。心意動而有語言，語言發而有文章，此不特文采原於自然，即人類之思想，亦原於自然。有心之人，既與自然血肉相關，而無心之人，則又如何？（註一五）彥和又云：

> 傍及萬品，動植皆文：龍鳳以藻繪呈瑞，虎豹以炳蔚凝姿；雲霞雕色，有踰畫工之妙；草木賁華，無待錦匠之奇；夫豈外飾，蓋自然耳。（註一六）

彥和自天地日月之文，推至人心思想之文，次由人心思想之文，傍及動植雲霞之文，以爲不假外飾，均屬自然之恆質。至若仰觀俯察，傍及萬品，則具有暗示文學家模仿之作用。蓋宇宙間形形色色，可以美觀之者，無不諧和、條貫，而諧和、條貫之事，冥冥之中，似有主宰。此主宰者，宗教家曰神，哲學家曰道，科學家曰力，文學家曰自然。文心雕龍以原道爲開宗明義章，而推自然與人文之關係，似有意將文學家所謂之「自然」，加以形而上化。然彥和爲文學家，故雖富有形而上之思想，終究回歸於文學家之自然本體。職是之故，彥和又云：

至於林籟結響，調如竽瑟；泉石激韻，和若球鍠；故形立則文生矣，聲發則章成矣。夫以無識之物，鬱然有彩，有心之器，其無文歟！（註一七）

此卽亞里士多德所謂「藝術模擬自然」，言文學家之模仿，乃自然界之現象，蓋不知模仿，於人情物態，焉能識其因果，辨其是非，明其善惡，孰稔其內容，洞悉其關係。若盈虛消長之理，一無所知，則又何言創造。是以物象之因果與變易，雖仿之於自然界，而眞理之明悉與創進，嘗主之於文學家。故文以自然爲美，誠屬文心雕龍文學思想之重點。（註一八）而美有自然美與人爲美，以自然美爲佳

註一二：見劉勰文心雕龍（范文瀾注），頁一。
註一三：參閱王師更生文心雕龍研究，頁二一四至二一五。
註一四：見同註一二。
註一五：參閱註一三，頁二一五。
註一六：見同註一二。
註一七：見註一二，頁一至二。
註一八：參閱註一三，頁二一六。

者，如黑格爾所云：

美是理念，……理念的最淺近的客觀存在就是自然，第一種美就是自然美。（註一九）

文學以自然美為主，良有因也。文學原於自然，文心雕龍物色篇亦可得明證。其言曰：

四序紛迴，而入興貴閑；物色雖繁，而析辭尚簡；使味飄飄而輕舉，情曄曄而更新。古來辭人，異代接武，莫不參伍以相變，因革以為功，物色盡而情有餘者，曉會通也。若乃山林皐壤，實文思之奧府，略語則闕，詳說則繁。然屈平所以能洞監風騷之情者，抑亦江山之助乎！（註二〇）

此言自然界之現象與文學之關係，可謂合則兩美，背則兩傷。誠屬文學原於自然之證也。

綜上所論，則莊子之自然思想，劉彥和用之於文學思想，而有「文學原於自然」之說，此說於文心雕龍之原道篇與物色篇，可得印證矣。又明詩篇亦云：

人稟七情，應物斯感，感物吟志，莫非自然。（註二一）

此言詩文之起源，本於自然，此亦文學原於自然之證也。又司空圖二十四詩品，其中委曲一品云：

登彼太行，翠繞羊腸。杳靄流玉，悠悠花香。力之於時，聲之於羌。似往已迴，如幽匪藏。水理漩洑，鵬風翶翔。道不自然，與之圓方。（註二二）

此以旋風旋渦狀委曲，亦闡明出於自然之旨。而「鵬風翶翔」，則本乎莊子逍遙遊篇所云：

窮髮之北，有冥海者，天池也。有魚焉，其廣數千里，未有知其修者，其名為鯤。有鳥焉，其名為鵬，背若泰山，翼若垂天之雲，摶扶搖羊角而上者九萬里。（頁十四）

此亦文學原於自然之證也。

二、文學創作本乎自然

文學創作本乎自然，分爲理論與實例而言，茲先就理論而述之。莊子崇尚自然，養生主篇可以爲證。其言曰：

庖丁爲文惠君牛，手之所觸，肩之所倚，足之所履，膝之所踦，砉然嚮然，奏刀騞然，莫不中音。合於桑林之舞，乃中經首之會。

庖丁釋刀對曰：「臣之所好者道也，進乎技矣。始臣之解牛之時，所見无非全牛者。三年之後，未嘗見全牛也。方今之時，臣以神遇而不以目視，官知止而神欲行。依乎天理，批大郤，導大窾，因其固然。技經肯綮之未嘗，而況大軱乎！良庖歲更刀，割也；族庖月更刀，折也。今臣之刀十九年矣，所解數千牛矣，而刀刃若新發於硎。彼節者有閒，而刀刃者无厚；以无厚入有閒，恢恢乎其於遊刃必有餘地矣。是以十九年而刀刃若新發於硎。雖然，每至於族，吾見其難爲，怵然爲戒，視爲止，行爲遲。動刀甚微，謋然已解，如土委地。提刀而立，爲之四顧，爲之躊躇滿志，善刀而藏之。」

註一九：見黑格爾著朱孟實譯美學，册一，頁一六二。
註二〇：見註一二，頁六九四至六九五。
註二一：見註一二，頁六十五。
註二二：見何文煥輯歷代詩話上册，頁四十二。

文惠君曰：「善哉！吾聞庖丁之言，得養生焉。」（頁一一七至一二四）

莊子雖藉庖丁解牛，以明養生之道，然其依乎天理，因其固然，妙造自然，則爲後事啟廸文學創作之準繩。如鍾嶸詩品序云：

至乎吟詠情性，亦何貴於用事？「思君如流水」，既是卽目。「高臺多悲風」，亦惟所見。「清晨登隴首」，羌無故實。「明月照積雪」，詎出經史。觀古今勝語，多非補假，皆由直尋。（註二三）

「觀古今勝語，多非補假，皆由直尋。」卽依乎天理，因其固然，妙造自然也。

又天道篇亦云：

桓公讀書於堂上。輪扁斲輪於堂下，釋椎鑿而上，問桓公曰：「敢問，公之所讀者何言邪？」公曰：「聖人之言也。」曰：「聖人在乎？」公曰：「已死矣。」曰：「然則君之所讀者，古人之糟魄已夫！」桓公曰：「寡人讀書，輪人安得議乎！有說則可，无說則死。」輪扁曰：「臣也以臣之事觀之。斲輪，徐則甘而不固，疾則苦而不入。不徐不疾，得之於手而應之於心，口不能言，有數存焉於其間。臣不能以喻臣之子，臣之子亦不能受之於臣，是以行年七十而老斲輪。古之人與其不可傳也死矣，然則君之所讀者，古人之糟魄已夫！」（頁四九〇至四九一）

此言修道與得道，貴於天機妙悟。雖有數存之於其間，然欲不疾不徐，得心應手，則口不能言傳，既不能喻，亦不可受，唯有純任自然耳。文學創作亦然。文學貴乎「收百世之闕文，採千載之遺韻」（註二四），欲「謝朝華於已披，啟夕秀於未振」（註二五），發人之所未發，言人之所未言，則須本乎自然之妙造，而非單憑學養所致。曹丕典論論文可得明證，其言曰：

> 文以氣爲主，氣之清濁有體，不可力强而致。譬諸音樂，曲度雖均，節奏同檢。至於引氣不齊，巧拙有素，雖在父兄，不能以移子弟。（註二六）

曹氏「引氣不齊，巧拙有素，雖在父兄，不能以移子弟」之論，如歲之新也，非人爲；花之開也，非强致。斯論殆本乎莊子天道篇輪扁「可意會而不可言傳」之說，此亦莊子對文學創作理論之莫大影響者也。後世爲莊子自然思想之影響者，不遑枚擧，約而言之，如蘇東坡南行前集敍云：「夫昔之爲文者，非能爲之爲工，乃不能爲之爲工也。山川之有雲，草木之有華，實充滿勃，鬱而見於外，夫雖欲無有，其可得耶！」（註二七）又答謝民師書云：「所示書敎及詩賦雜文，觀之熟矣。大略如行雲流水，初無定質，但常行於所當行，常止於不可不止，文理自然，姿態橫生。」（註二八）此言文學創作本乎自然者也。又如宋嚴羽滄浪詩話所云：

註二三：見註二二，頁四。

註二四：見蕭統文選，卷十七，陸士衡文賦，頁二四六。

註二五：見同註二四。

註二六：見註二四，卷五十二，曹丕典論論文，頁七三四。

註二七：見蘇東坡全集上冊，前集，卷二十四，頁三〇七。

註二八：見註二七，後集，卷十四，頁六二一。

夫詩有別材，非關書也；詩有別趣，非關理也。（註二九）

此言詩非關書與理，而與材趣有關。材趣者，自然也，非人爲也。此亦創作本乎自然者也。

又王世貞藝苑巵言云：

西京建安，似非琢磨可到，要在專習，凝領之久，神與境會，忽然而來，渾然而就，無岐級可尋，無色聲可指，三謝固自琢磨而得，然琢磨之極，妙亦自然。（註三〇）

此闡明文學創作中之琢磨，亦依乎自然而爲之，如畫筆極自然之妙，而著手成春矣。故唐司空圖詩品中有「自然」一品，其言曰：

俯拾卽是，不取諸鄰。俱道適往，著手成春。如逢花開，如瞻歲新。眞與不奪，强得易貧。幽人空山，過兩採蘋。薄言情悟，悠悠天鈞。（註三一）

孫聯奎詩品臆說亦云：「情悟者，悟上文諸譬之自然也。悠悠，則與天時之自然等矣。」（註三二）又莊子齊物論篇亦云：「是以聖人和之以是非而休乎天鈞。」（頁七十）案成玄英疏云：「天均者，自然均平之理也。夫達道聖人，虛懷不執，故能和是於無是，同非於無非，所以息智乎均平之鄉，休心乎自然之境也。」綜上所舉，則文學創作本於自然，與莊子之自然思想息息相關，密不可分；易言之，文學創作依乎自然理論，殆轉化自莊子之自然思想也。

次就文學創作本乎自然之實例而言。楊振綱詩品解引皐蘭課業本原解云：

凡詩文無論平奇濃淡，總以自然爲貴。如太白逸才曠世，不假思議，固矣；少陵雖經營慘淡，亦如無縫天衣。又如元白之平易，固矣；卽東野長江之苦思刻骨，玉川長吉之鑿險縋幽，義山飛卿之鋪錦列繡，究亦自出機杼。若純於矯强，毫無天趣，豈足名世。（註三三）。

此言文學創作依乎平奇濃淡之自然，雖有雕飾，亦出於自然，並非矯强；若過於雕琢，如翦綵爲花，毫無生氣，不若進之以自然爲佳。故楊振綱詩品解亦云：

> 王維構思，走入醋甕，襄陽硏精，眉毛盡脫，李長吉之嘔出心血，柳柳州之玉佩瓊琚，今讀其詩，有一語不自然否？且如離騷之披羅帶荔，何殊牛鬼蛇神，而元微之以爲清絕滔滔；樊宗師文佶屈聱牙，讀者幾難成句，而昌黎稱其文從字順，皆自然也。（註三四）

此言古人之詩文，雖經苦思而文詞聱牙，然皆本於自然，而非矯柔造作。又如宋嚴羽滄浪詩話云：

> 漢魏古詩，氣象混沌，難以句摘。晉以還方有佳句，如淵明「採菊東籬下，悠然見南山」，謝靈運「池塘生春草」之類。謝所以不及陶者，康樂之詩精工，淵明之詩質而自然耳。（註三五）

註二九：見註二二，下册，頁六八八。

註三〇：見丁仲祜編續歷代詩話下册，頁一一〇八。

註三一：見詩品集解，頁十九至二十。

註三二：見註三一，頁二〇。

註三三：見註三一，頁十九。

註三四：見註三一，頁二十。

註三五：見二九，頁六九九六。

案陳善捫蝨新話云：「詩有格有韻，故自不同，如淵明詩，是其格高，謝靈運『池塘生春草』之句，乃其韻勝。格高似梅花，韻勝似海棠。」（註三六）韻勝者，人爲之美也；格高者，自然之美也。故黃山谷云：「謝康樂庾義城之於詩，鑪錘之功不遺力也。然陶彭澤之牆數仞，謝庾未能窺者，何哉？蓋二子有意於俗人贊毀其工拙，淵明直寄焉耳。」（註三七）洵不誣也。

陶詩本乎自然者，如歸園田居云：

少無適俗韻，性本愛邱山。誤落塵網中，一去三十年。羈鳥戀舊林，池魚思故淵。開荒南野際，守拙歸園田。方宅十餘畝，草屋八九間。楡柳蔭後簷，桃李羅堂前。曖曖遠人村，依依墟里煙。狗吠深巷中，雞鳴桑樹顚。戶庭無塵雜，虛室有餘閒。久在樊籠裏，復得返自然。（註三八）

案查愼行曰：「反自然道盡歸田之樂，可知塵網牽率，事事俱違本性。」（註三九）據此可知，此詩亦本乎自然者也。又如讀山海經云：

孟夏草木長，遶屋樹扶疏。衆鳥欣有託，吾亦愛吾廬。旣耕亦已種，時還讀我書。窮巷隔深轍，頗迴故人車。歡言酌春酒，摘我園中疏。微雨從東來，好風與之俱。汎覽周王傳，流觀山海圖。俯仰終宇宙，不樂復何如？（註四〇）

案劉履曰：「此詩十三首，皆記二書（指山海經、穆天子傳）所載事物之異，而此發端一篇，特以寫幽居自得之趣耳。觀其衆鳥有託，吾愛吾廬等語，隱然有萬物各得其所之妙，則其俯仰宇宙，爲樂可知矣。」（註四一）又曾紘曰：「余嘗評陶公詩，語造平淡，而寓意深遠，外若枯槁，中實敷腴，眞詩人之冠冕也。平生酷愛此作，每以世無善本爲恨，因閱讀山海經詩。」（註四二）朱熹亦云：「淵明詩平淡，出於自然。」（註四三）陶詩語造平淡，妙造自然，於焉可證。

文學創作本乎自然，除陶淵明外，猶有李白、李商隱、柳宗元、朱熹、翁森……等等。李白春夜宴桃李園序云：

夫天地者，萬物之逆旅。光陰者，百代之過客。而浮生若夢，爲歡幾何？古人秉燭夜遊，良有以也。況陽春召我以烟景，大塊假我以文章。會桃李之芳園，序天倫之樂事。羣季俊秀，皆爲惠連。吾人詠歌，獨慚康樂。幽賞未已，高談轉清。開瓊筵以坐花，飛羽觴而醉月。不有佳詠，何伸雅懷？如詩不成，罰依金谷酒數。（註四四）

註三六：見明毛晉輯，增補津逮秘書，冊六，捫蝨新話，卷之八，頁四八〇八。
註三七：見註三六，冊九，山谷題跋，卷之七，頁六八八二至六八八三。
註三八：見陶澍輯，靖節先生集，卷之二，頁六至七。
註三九：見註三八，頁七。
註四〇：見註三八，卷之四，頁二〇至二一。
註四一：見註三八，卷之四，頁二一。
註四二：見註三八，卷之四，頁二四。
註四三：見黎靖德編，朱子語類，頁一三三五。
註四四：見李太白全集，卷二十七，頁六二九。

此文之創作，本乎自然，尤其「陽春召我以烟景，大塊假我以文章」，可謂置身於自然、文學之中矣。

李商隱無題云：

相見時難別亦難，東風無力百花殘。春蠶到死絲方盡，蠟炬成灰淚始乾。曉鏡但愁雲鬢改，夜吟應覺月光寒。蓬萊此去無多路，青鳥殷勤爲探看。（註四五）

此詩情景交融，極其自然，毫無矯柔造作。

柳宗元種樹郭橐駝傳云：

郭橐駝，不知始何名。病瘻，隆然伏行，有類橐駝者，故鄉人號之「駝」。駝聞之，曰：「甚善，名我固當。」因捨其名，亦自謂橐駝云。其鄉曰豐樂鄉，在長安西。駝業種樹，凡長安豪富人，爲觀遊及賣果者，皆爭迎取養。視駝所種樹，或移徙，無不活；且碩茂蚤實以蕃。他植者雖窺伺傚慕，莫能如也。有問之，對曰：「橐駝，非能使木壽且孳也；能順木之天，以致其性焉爾。凡植木之性，其本欲舒，其培欲平，其土欲故，其築欲密。既然已，勿動勿慮，去不復顧。其蒔也若子，其置也若棄，則其天者全，而其性得矣。故吾不害其長而已，非有能碩茂之也；不抑耗其實而已，非有能蚤而蕃之也。他植者則不然，根拳而土易，其培之也，若不過焉，則不及。苟有能反是者，則又愛之太恩，憂之太勤，旦視而暮撫，已去而復顧。甚者爪其膚以驗其生枯，搖其本以觀其疏密，而木之性日以離矣，雖曰愛之，其實害之；雖曰憂之，其實讎之，故不我若也。吾又何能爲哉！」問者曰：「以子之道，移之官理，可乎？」駝曰：「我知種樹而已，官理非吾業也。然吾居鄉，見長人者好煩其令，若甚憐焉，而卒以禍。旦暮，吏來而呼曰：『官命促爾耕，勗爾植，督爾穫，蚤繰而緒，蚤織而縷，字而幼孩，遂而雞豚。』鳴鼓而聚之，擊木而召之。吾小人輟飧饔以勞吏者，且不得暇，又何以蕃吾生而安吾性耶？故病且怠。若是，則與吾業者其亦有類乎？」問者嘻曰：「不亦善乎！吾問養樹，得養人術。」傳其事以為官戒也。（註四六）

此藉種樹以喻居官，但順其自然之性，則木壽且孳；治人亦然。無為而治，則天下太平，為者敗之，故聖人處無為之事，行不言之教，殆有以也。此文借問養樹，得養人術，猶莊子養生主篇藉庖丁解牛之術，得養生之道。此二者，皆欲順自然之理，方可得矣。

宋朱熹觀書有感云：

半畝方塘一鑑開，天光雲影共徘徊；問渠那得清如許，為有源頭活水來。（註四七）

此詩藉自然之景，述讀書之心得，其創作亦本乎自然者也。

元翁森四時讀書樂云：

山光照檻水繞廊，舞雩歸詠春風香。好鳥枝頭亦朋友，落花水面皆文章。蹉跎莫遣韶光老，人生惟有讀書好。讀書之樂樂何如？綠滿窗前草不除。

註四五：見李義山詩集，卷上，頁二〇八。

註四六：見柳宗元集冊一，卷十七，頁四七三至四七四。

註四七：見李覺千家詩今譯，頁九十七。

新竹壓檐桑四圍，小齋幽敞明朱曦。晝長吟罷蟬鳴樹，夜深燼落螢入幃。北窗高臥羲皇侶，只因素稔讀書趣。讀書之樂樂無窮，瑤琴一曲來薰風。

昨夜庭前葉有聲，籬豆花開蟋蟀鳴。不覺商意滿林薄，蕭然萬籟涵虛清。近牀賴有短檠在，對此讀書功更倍。讀書之樂樂陶陶，起弄明月霜天高。

木落水盡千崖枯，迥然吾亦見眞吾。坐對韋編燈動壁，高歌夜半雪壓廬。地爐茶鼎烹活火，四壁圖書中有我。讀書之樂何處尋？數點梅花天地心。（註四八）

自然之美，就空間而言，無處不在；就時間而言，則無時不有。吾人如能善用自然之景，陶冶自我之性靈，啟廸讀書之情趣，則隨時隨地可得讀書樂。第一首描述春光明媚，可培養活潑之生機，正宜讀書。第二首描述蟬聲螢光，爲夏日讀書之伴侶；竹影薰風，尤能助長讀書樂趣。第三首描述秋高氣爽，極宜讀書，淸夜吟誦，事半功倍。第四首描述冬日讀書，令人所見深遠；點點梅花，已透春訊，尤能啟人靈思。此四首詩之創作，皆本乎自然而爲之，尤其「好鳥枝頭亦朋友，落花水面皆文章」，更能闡述此意。

綜上所述，則文學創作本乎自然，於理論於實例，皆可得印證矣。

三、文學批評出於自然

劉彥和自然主義文學觀，以自然聲律、氣勢、辭采爲審美標準，而此三者皆出乎莊子自然思想。

文心雕龍情采篇云：

立文之道，其理有三：一曰形文，五色是也；二曰聲文，五音是也；三曰情文，五性是也。五色雜而成黼黻，五音比而成韶夏，五情發而爲辭章，神理之數也。（註四九）

無論其爲文之辭采美，聲之聲律美，情之眞實美，皆神理之數，發於自然，而非奇巧雕琢所能爲功。至於氣勢，則貫注乎三者之間，綜合運用，巧妙發揮，斯爲極致。由此觀之，彥和之審美標準，殆本乎莊子自然思想。

至於聲律，有自然之聲律，有人爲之聲律。人爲之聲律，有長短徐疾，抑揚高下，若合乎自然之音節者，謂之自然聲律。如沈約四聲八病之說，人之情感爲聲病所拘，而不能自由暢敍，有損自然之美，不合音聲大和之原則，謂人爲之聲律。故文心雕龍聲律篇云：

> 夫音律所始，本於人聲者也。聲含宮商，肇自血氣。先王因之，以制樂歌；故知器寫人聲，聲非斆器者也。故言語者，文章關鍵，神明樞機，吐納律呂，脣吻而已。（註五〇）

語言之本身已具宮商，而文章爲語言之精者，其疾徐高下，本乎天籟。彥和此說，殆原於莊子齊物論篇天籟、地籟、人籟之說。至於何謂天籟？成玄英疏解綦詳，其言曰：

> 夫天者，萬物之總名，自然之別稱，豈蒼蒼之謂哉！故夫天籟者，豈別有一物邪？卽比竹衆竅接乎

註四八：見七十一年八月改編本初版國中國文第五冊，第十八課，頁八十三。

註四九：見註一二，頁五三七。

註五〇：見註一二，頁五五二。

有生之類是爾。尋夫生生者誰乎，蓋無物也。故外不待乎物，內不資乎我，塊然而生，獨化者也。是以郭注云，自己而然，則謂之天然。故以天然言之者，所以明其自然也，而言吹萬不同。且風唯一體，竅則萬殊，雖復大小不同，而各稱所受，咸率自知，豈賴他哉！此天籟也。故知春生夏長，目視耳聽，近取諸身，遠託諸物，皆不知其所以，悉莫辨其所然。使其自己，當分各足，率性而動，不由心智，所謂亭之毒之，此天籟之大意者也。（頁五十）

莊子本爲自然主義之哲學家，對「道」之意見爲「任自然」，而後人以「任自然」用之於文藝，劉彥和乃其中之一。品評文學之高下，以自然聲律爲上，以人爲聲律爲劣。

又辭采之美，本乎自然者，如文心雕龍麗辭篇所云：

夫心生文辭，運裁有慮，高下相須，自然成對。唐虞之世，辭未極文，而皐陶贊云：「罪疑惟輕，功疑惟重」；益陳謨云：「滿招損，謙受益」；豈營麗辭，率然對爾。（註五一）

爲文巧用對偶，乃辭采之美，然若氣無奇類，文乏異采，碌碌麗辭，則昏睡耳目，必使理圓事密，聯璧其章，迭用奇偶，節以雜佩，乃其貴耳。職是之故，爲文不論巧用對偶，迭用奇偶，皆須本乎自然，此出於莊子之自然思想者也。品評文學作品之等第，以對偶精巧，奇偶允當爲佳，而對偶精巧，奇偶允對，以自然爲至上，人爲次之。

次言情之眞實美。文心雕龍情采篇云：

情者，文之經，辭者，理之緯；經正而後緯成，理定而後辭暢，此立文之本源也。（註五二）

此言情先乎辭，或情重乎辭；易言之，內容重於形式，所謂「言之有物」、「意在筆先」者也。劉彥和將文章內容情意，分爲爲情造文與爲文造情兩種。其言曰：

昔詩人什篇，爲情而造文，辭人賦頌，爲文而造情。何以明其然？蓋風雅之興，志思蓄憤，而吟詠情性，以諷其上，此爲情而造文也；諸子之徒，心非鬱陶，苟馳夸飾，鬻聲釣世，此爲文而造情也；故爲情者要約而寫眞，爲文者淫麗而煩濫。（註五三）

詩經之作者，先有情感之激動，然後造作篇什，篇什之內容，洋溢蓄積已久之苦悶，故可以興，可以觀，可以羣，可以怨，以諷諫君上。而辭賦家心非有抑鬱之情感，惟賣弄文字技巧，以沽聲名。同爲一篇文章，以其反映辭面之情志不同：一則要約寫眞而彌足珍貴，一則淫麗煩濫而減低身價。足徵文貴情眞，辭尚意切，眞情實意爲文章之靈魂。品評文學作品之等第，以情感之眞僞爲評，則眞情之文優於僞情之文，而眞情殆本乎莊子德充符篇所謂「不以好惡內傷其身，常因自然而不益生」之情；簡言之，卽自然界之情。

綜上而論，彥和以情感、辭采、聲律爲文學批評之準繩，皆本於莊子自然思想。蓋眞實情感，發於自然；巧用奇偶之文辭，本乎自然；聲含宮商，原於自然；如此而爲文，方爲上乘之作。如本乎人

註五一：見註一二，頁五八八。

註五二：見註一二，頁五三八。

註五三：見同註五二。

爲，則情感不眞，文辭淫麗，聲律不和諧，如此之作，則爲劣品也。若有氣勢貫注於眞實情感、優美辭采、自然聲律之中，巧妙爲文，則此類作品爲精心傑作。然則文之有氣勢，乃出自然。如文心雕龍定勢篇所云：

夫情致異區，文變殊術，莫不因情立體，卽體成勢也。勢者，乘利而爲制也。如機發矢直，澗曲湍回，自然之趣也。圓者規體，其勢也自轉；方者矩形，其勢也自安；文章體勢，如斯而已。（註五四）

文之有勢，出乎自然。彥和此說，殆本乎莊子自然思想者也。

總而言之，莊子之自然思想，用之於文原論、文術論、文評論，乃後人運用莊子之思想於文學理論，而莊子本無心於文學理論，此不可不知也。

註五四：見註一二，頁五二九至五三〇。

第三節　玄虛思想之文學理論

甲、莊子之玄虛思想

莊子悲天下之沈濁不可處也，故求徜徉自得，高遠無所拘束，與天地同運，與造物者遊，以極其逍遙之致。夫能極其逍遙之致，而無所拘束者，蓋卽隨心所欲，亦今之所謂自由也。然老子道德經第十三章云：

吾所以有大患者，爲吾有身，及吾無身，吾有何患！（註一）

人生有耳目之知，肢體之形，旣已爲人矣，又安能隨心所欲，無所拘束？故莊子無可奈何而求之於無何有之鄉，壙埌之野。善乎林師景伊之言曰：

此莊子出世之想，所以偏于玄虛也。（註二）

莊子之玄虛思想，旣原於出世之思想，亦同乎老子之思想。莊子之玄，殆同乎老子道德經第一章：

註一：見樓宇烈老子王弼注校釋，頁二十九。

註二：見林師景伊中國學術思想大綱，頁五十三至五十四。

道可道，非常道；名可名，非常名。無，名天地之始；有，名萬物之母。故常無，欲以觀其妙；常有，欲以觀其徼。此兩者，同出而異名，同謂之玄，玄之又玄，衆妙之門。（註三）

莊子之道不稱，蓋「道昭而不道」（齊物論篇語），故莊子之玄同乎老氏之言。莊子之虛，則同乎老子道德經第十六章：

致虛極，守靜篤，萬物並作，吾以觀復。（註四）

案王弼注云：「言致虛，物之極篤；守靜，物之眞正也。」（註五）又云：「以虛靜觀其反復。凡有起於虛，動起於靜，故萬物雖並動作，卒復歸於虛靜，是物之極篤也。」（註六）莊子天道篇則曰：

聖人之靜也，非曰靜也善，故靜也；萬物无足以鐃心者，故靜也。水靜則明燭鬚眉，平中準，大匠取法焉。水靜猶明，而況精神！聖人之心靜乎！天地之鑑也，萬物之鏡。夫虛靜恬淡寂漠无爲者，天地之平而道德之至，故帝王聖人休焉。休則虛，虛則實，實者倫矣。虛則靜，靜則動，動則得矣。靜則无爲，无爲也則任事者責矣。无爲則俞俞，俞俞者憂患不能處，年壽長矣。夫虛靜恬淡寂漠无爲者，萬物之本也。」（註七）

案成玄英疏云：「虛靜恬淡寂漠無爲，四者異名同實者也。歎無爲之美，故具此四名，而天地以此爲準，道德用玆爲至也。」（註八）由是觀之，則莊子之虛同乎老氏之言。

莊書中言及「虛」字者，有五十七處。玆徵引如下：

齊物論篇云：

厲風濟則衆竅爲虛。（頁四十六）

案郭象注云：「烈風作則衆竅實，及其止則衆竅虛。虛實雖異，其於各得則同。」（頁四十九）又成玄英疏云：「大風止則衆竅虛，及其動則衆竅實。虛實雖異，各得其同耳。況四序盈虛，二儀生殺，既無心於亭毒，豈有意於虔劉！」（頁四十九）

齊物論篇又云：

樂出虛，蒸成菌。（頁五十一）

案成玄英疏云：「夫簫管內虛，故能出於雅樂；濕暑氣蒸，故能生成朝菌。亦猶二儀萬物，虛假不眞，從無生有，例如菌樂。浮幻若是，喜怒何施！」（頁五十五）

人間世篇云：

國爲虛厲，身爲刑戮。（頁一三九）

案成玄英疏云：「宅無人曰虛，鬼無後曰厲。」（頁一四〇）又陸德明經典釋文引李頤云：「居宅無

註三：見註一，頁一至二。

註四：見註一，頁三十五至三十六。

註五：見註一，頁三十五。

註六：見註一，頁三十六。

註七：見郭慶藩莊子集釋，頁四五七。本節爾後凡引莊子原文，則逕標篇名、頁碼，不另作註。

註八：見註七，頁四五九。本節爾後凡引郭象注、成玄英疏、陸德明釋文，則逕標頁碼，不另作註。

人曰虛，死而無後爲厲。」（頁一四〇）

人間世篇又云：

端而虛。（頁一四一）

案郭象注云：「正其形而虛其心也。」（頁一四一）又成玄英疏云：「端正其形，盡人臣之敬；虛豁心慮，竭匡諫之誠，既承高命，敢述所以耳。」（頁一四一）

人間世篇又云：

氣也者，虛而待物者也。（頁一四七）

案郭象注云：「遺耳目，去心意，而符氣性之自得，此虛以待物者也。」（頁一四七）又成玄英疏云：「如氣柔弱虛空，其心寂泊忘懷，方能應物。此解而聽之以氣也。」（頁一四七）

人間世篇又云：

唯道集虛。虛者，心齋也。（頁一四七）

案郭象注云：「虛其心，則至道集於懷也。」（頁一四八）又成玄英疏云：「唯此眞道，集在虛心。故如虛心者，心齋妙道也。」（頁一四八）

人間世篇又云：

得使之也，未始有回也；可謂虛乎？（頁一四八）

案成玄英疏云：「既得夫子之教，使其人以虛齋，遂能物我洞忘，未嘗（回）之可有也。」（頁一四

八）

人間世篇又云：

瞻彼闋者，虛室生白。（頁一五〇）

案郭象注云：「夫視有若無，虛室者也。虛室而純白獨生矣。」（頁一五一）又成玄英疏云：「瞻，觀照也。彼，前境也。闋，空也。觀察萬有，悉皆空寂，故能虛其心室，乃照眞源，而智惠明白，隨用而生。白，道也。」（頁一五一）

德充符篇云：

立不教，坐不議，虛而往，實而歸。（頁一八七）

案成玄英疏云：「弟子雖多，曾無講說，立不教授，坐無議論，請益則虛心而往，得理則實腹而歸。」（頁一八八）

大宗師篇云：

張乎其虛而不華也。（頁二三四）

案成玄英疏云：「靈府寬閒，與虛空等量，而智德眞實，故不浮華。」（頁二三六）

應帝王篇云：

吾與之虛而委蛇，不知其誰何？（頁三〇四）

案郭象注云：「無心而隨物化。」（頁三〇五）又成玄英疏云：「至人應物，虛己忘懷，隨順逗機，

不執宗本；既不可名目，故不知的是何誰也。」（頁三〇五）

應帝王篇又云：

盡其所受乎天，而无見得，亦虛而已。（頁三〇七）

案郭象注云：「不虛則不能任羣實。」（頁三〇八）又成玄英疏云：「所以盡於分內而無見得者，直自虛心淡忘而已。」（頁三〇八）

胠篋篇云：

夫川竭而谷虛，丘夷而淵實。聖人已死，則大盜不起。（頁三四六）

案郭象注云：「竭川非以虛谷而谷虛，夷丘非以實淵而淵實，絕聖非以止盜而盜止。故止盜在去欲，不在彰聖知。」（頁三五〇）成玄英疏云：「夫智惠出則姦僞生，聖迹亡則大盜息。猶如川竭谷虛，丘夷淵實，豈得措意，必至之宜。死，息也。」（頁三五〇）

天地篇云：

同乃虛，虛乃大。（頁四二四）

案成玄英疏云：「同於太初，心乃虛豁；心既虛空，故能包容廣大。」（頁四二六）

天道篇云：

夫虛靜恬淡寂漠无爲者，天地之平而道德之至。（頁四五七）

案郭象注云：「凡不平不至者，生於有爲。」（頁四五九）又成玄英疏云：「虛靜恬淡寂寞無爲，四

者異名同實者也。歎無爲之美，故具此四名，而天地以此爲平，道德用玆爲至也。」（頁四五九）

天道篇又云：

休則虛，虛則實，實者倫矣。（頁四五七）

案成玄英疏云：「旣休慮息心，乃與虛空合德；與虛空合德，則會於眞實之道；眞實之道，則自然之理也。」（頁四六〇）

天道篇又云：

虛則靜，靜則動，動則得矣。（頁四五七）

案成玄英疏云：「理虛靜寂，寂而能動，斯得之矣。」（頁四六〇）

天道篇又云：

夫虛靜恬淡寂寞无爲者，萬物之本也。（頁四五七）

案郭象注云：「尋其本皆在不爲中來。」（頁四五七）又成玄英疏云：「此四句萬物根源，故重擧前言，結成其義也。」（頁四五七）

天道篇又云：

言以虛靜推於天地，通於萬物，此之謂天樂。（頁四六三）

案成玄英疏云：「所以一心定而萬物服者，祇言用虛靜之智，推尋二儀之理，通達萬物之情，隨物變轉而未嘗不適，故謂之天樂也。」（頁四六四）

天運篇云：

儻然立於四虛之道。（頁五〇四）

案成玄英疏云：「儻然，無心貌也。四虛，謂四方空，大道也。言聖人無心，與至樂同體，立志弘敞，接物無偏，包容萬有，與虛空而合德。」（頁五〇六）

天運篇又云：

形充空虛，乃至委蛇。汝委蛇，故怠。（頁五〇四至五〇五）

案郭象注云：「夫形充空虛，無身也，無身，故能委蛇。委蛇任性，而悚懼之情怠也。」（頁五〇七）又成玄英疏云：「夫形充虛空，則與虛空而等量；委蛇任性，故順萬境而無心；所謂墮體黜聰，離形去智者也。只爲委蛇任性，故悚懼之情怠息。此解第二聞樂也。」（頁五〇七）

天運篇又云：

以遊逍遙之虛。（頁五一九）

案成玄英疏云：「古之眞人，和光降迹，逗機而行博愛，應物而用人羣，何異乎假借塗路，寄託宿止，暫時遊寓；蓋非眞實。而動不傷寂，應不離眞，故恆逍遙乎自得之場，彷徨乎無爲之境。」（頁五一九至五二〇）又趙諫議本虛作墟。

刻意篇云：

夫恬淡寂漠虛无无爲，此天地之平而道德之質也。（頁五三八）

案成玄英疏云：「恬淡寂漠，是凝湛之心；虛無無爲，是寂用之智；天地以此法爲平均之源，道德以此法爲質實之本也。」（頁五三八）

刻意篇又云：

虛无恬淡，乃合天德。（頁五三九）

案成玄英疏云：「歎此虛無，與天地合其德。」（頁五四二）

刻意篇又云：

无所於忤，虛之至也。（頁五四二）

案成玄英疏云：「大順羣生，無所乖逆，自非虛豁之極，其孰能然也！」（頁五四三）

秋水篇云：

井鼃不可以語於海者，拘於虛也。（五六三）

案成玄英疏云：「夫坎井之鼃，聞大海無風而洪波百尺，必不肯信者，爲拘於虛域也。」（頁五六四）

秋水篇又云：

尾閭泄之，不知何時已而不虛。（頁五六三）

秋水篇又云：

察乎盈虛，故得而不喜，失而不憂。（頁五六八）

案成玄英疏云：「夫天道既有盈虛，人事寧無得喪！是以視乎盈虛之變，達乎得喪之理，故儻然而得，

時也，不足爲欣；偶爾而失，命也，不足爲戚也。」（頁五七〇）

秋水篇又云：

一虛一盈，不位乎其形。（頁五八四至五八五）

案成玄英疏云：「譬彼陰陽，春生秋殺，盈虛變化，榮落順時，豈執守形骸而拘持名位邪！」（頁五八七）

至樂篇云：

支離叔與滑介叔觀於冥伯之丘，崑崙之虛，黃帝之所休。（頁六一五）

案成玄英疏云：「神智杳冥，堪爲物長；崑崙玄遠，近在人身；丘墟不平，俯同世俗；而黃帝聖君，光臨區宇，休心息智，寄在凡庸。」（頁六一六）

達生篇云：

方虛憍而恃氣也。（頁六五五）

列子黃帝篇憍作驕，張湛注云：「無實而自矜者。」（註九）

山木篇云：

有虛船來觸舟，雖有惼心之人不怒。（頁六七五）

案成玄英疏云：「不怒者，緣舟虛故也。」（頁六七六）

山木篇又云

向也不怒而今也怒，向也虛而今也實。」（頁六七五）

山木篇又云：

人能虛己以遊世，其孰能害之！（頁六七五）

案郭象注云：「世雖變，其於虛己以免害，一也。」又成玄英疏云：「虛己，無心也。」（頁六七六）

田子方篇云：

虛緣而葆眞。（頁七〇二）

案郭象注云：「虛而順物，故眞不失。」又成玄英疏云：「緣，順也。虛心順物，而恆守眞宗，動而常寂。」（頁七〇二）

田子方篇又云：

消息滿虛，一晦一明，日改月化，日有所爲。（頁七一二）

案成玄英疏云：「陰消陽息，夏滿冬虛，夜晦晝明，日遷月徙，新新不住，故日有所爲也。」（頁七一三）

知北遊篇云：

謂盈虛衰殺，彼爲盈虛非盈虛，彼爲衰殺非衰殺，彼爲本末非本末，彼爲積散非積散也。（頁七五

註九：見楊伯峻列子集釋，卷二，頁五十三。

二）

案成玄英疏云：「富貴爲盈，貧賤爲虛；老病爲衰殺，終始爲本末；生來爲積，死去爲散。夫物物者非物，而生物誰乎？此明能物所物，皆非物也。物既非物，何盈虛衰殺之可語耶！是知所謂盈虛皆非盈虛。故西昇經云，君能明之，所是反非也。」（頁七五四）

庚桑楚篇云：

此四六者不盪胷中則正，正則靜，靜則明，明則虛，虛則无爲而无不爲也。（頁八一〇）

案成玄英疏云：「四六之病，不動盪於胸中，則心神平正，正則安靜，靜則照明，明則虛通，虛則恬淡無爲，應物而無窮也。」（頁八一一）

徐无鬼篇云

舜有羶行，百姓悅之，故三徙成都，至鄧之虛而十有萬家。（頁八六四）

案成玄英疏云：「舜避丹朱，又不願衆聚，故三度逃走，移徙避之，百姓慕德，從者十萬，所居之處，自成都邑。至鄧虛，地名也。」（頁八六五）唐陸德明經典釋文云：「至鄧，邑名。之虛音墟，本又作墟。」（頁八六五）

則陽篇云：

噫！其虛言與？（頁八九二）

案成玄英疏云：「所言奇譎，不近人情，故發噫嘆，疑其不實也。」（頁八九二）

則陽篇又云：

子路往視之，其室虛矣。（頁八九七）

案成玄英疏云：「仲由無鑑，不用師言，遂往其家，庶觀盛德。而辭聘情切，宜僚已逃，其屋虛矣。」（頁八九七）

則陽篇又云：

或使則實，莫爲則虛。（頁九一六）

則陽篇又云：

无名无實，在物之虛。（頁九一六至九一七）

案郭象注云：「物之所在，其實至虛。」又成玄英疏云：「夫情苟滯於有，則所在皆物也；情苟尚無，則所在皆虛也；是知有無在心，不在乎境。」（頁九一八）

盜跖篇云：

善卷許由得帝而不受，非虛辭讓也，不以事害己。」（頁一〇一一）

案成玄英疏云：「善卷許由被禪而不受，非是矯情於辭讓，不以世事害己也。」（頁一〇一一至一〇一二）又黃師錦鋐新譯云：「善卷、許由得到帝位而不接受，不是虛意辭讓，是不因爲政事傷害自己。」（註一〇）

註一〇：見黃師錦鋐新譯莊子讀本，頁三四九。

漁父篇云：

丘少而脩學，以至於今，六十九歲矣，无所得聞至教，敢不虛心！（頁一〇二七）

案成玄英疏云：「丘少年已來，脩學仁義，逮乎耆艾，未聞至道，所以恭謹虔恪虛心矣。」（頁一〇二七）

列禦寇篇云：

汎若不繫之舟，虛而敖遊者也。（頁一〇四〇）

案成玄英疏云：「唯聖人汎然無係，泊爾忘心，譬彼虛舟，任運逍遙。」（頁一〇四一）

天下篇云：

人皆取實，己獨取虛。（頁一〇九五）

綜上所舉，則莊書中所言之「虛」字，除天運篇所云「以遊逍遙之虛」，至樂篇所云「崑崙之虛」，徐无鬼篇所云「至鄧之虛」，其「虛」字又作「墟」字，其餘皆爲「虛無」、「空虛」、「心齋」之意。心齋卽無己。志者，心之所之也。一志，卽達生篇所云：「用志不分，乃凝於神。」（頁六四一）以氣聽者，如庖丁解牛，以神遇而不以目視。人精神專一，則不知有己，故心齋卽無己也。又庖丁解牛，以無厚入有閒，恢恢乎其於遊刃必有餘地矣，此有無共通，卽玄之名，而以無厚入有閒，殆本乎神遇而不本乎目視，是以在宥篇云：「无視无聽，抱神以靜，形將自正。」（頁三八一）莊子之玄虛思想，對文學理論之影響，詳見下文論述。

乙、玄虛思想對文學理論之影響

莊子之書出，世之悅而好之者有四焉：好文者資其辭，求道者意其妙，汩俗者遺其累，姦邪者濟其欲。（註一一）莊子秋水篇云：

可以言論者，物之粗也；可以意致者，物之精也；言之所不能論，意之所不能察致者，不期精粗焉。（頁五七二）

案郭象注云：「唯無而已，何精粗之有哉！夫言意者有也，而所言所意者無也，故求之於言意之表，而入乎無言無意之域，而後至焉。」（頁五七三）成玄英疏云：「夫可以言辨論說者，有物之粗法也；可以心意致得者，有物之精細也；而神口所不能言，聖心（所）不能察者，妙理也。必求之於言意之表，豈期必於精粗之間哉！」（頁五七三）夫精粗者，期於有形者也；不期精粗者，期於無形者也。無形者，數之所不能分也；不可圍者，數之所不能窮也。無形不可圍者，道也。至道玄虛，絕於心色，故不可以名數區別，亦不可以數量窮盡。由是觀之，莊子立意玄遠，其玄虛思想對後世文學理論影響甚偉。茲論述如次：

先就文學創作理論而言，文學創作必先有靈感，而靈感之名乃西洋所創，劉彥和則命之曰神思，

註一一：見葉適葉適集冊二，水心別集，卷之六，頁七一二。

何謂神思？彥和文心雕龍神思篇曰：

> 古人云：形在江海之上，心存魏闕之下；神思之謂也。（註一二）

案「形在江海之上，心存魏闕之下」，見於莊子讓王篇。「形在江海之上，心存魏闕之下」者，其用志不分，必凝於神，以此爲文，則文之思也，其神遠矣。故寂然凝慮，思接千載；悄焉動容，視通萬物；吟詠之間，吐納珠玉之聲；眉睫之前，卷舒風雲之色；其思理之致乎？故思理爲妙，神與物遊。神居胸臆，而志氣統其關鍵；物沿耳目，而辭令管其樞機。樞機方通，則物無隱貌；關鍵將塞，則神有遯心。由是觀之，文思暢通，則神與物遊；文思閉塞，則神有遯心。

文學創作之時，必先有文思，文思暢通之際，若有雜念存於胸臆，則必先陶鈞文思，陶鈞文思之法，彥和言之甚明，其言曰：

> 陶鈞文思，貴在虛靜，疏瀹五藏，澡雪精神。（註一三）

案彥和「陶鈞文思，貴在虛靜」之說，殆本莊子庚桑楚所云：「徹志之勃，解心之謬，去德之累，達道之塞。貴富顯嚴名利六者，勃志也。容動色理氣意六者，謬心也。惡欲喜怒哀樂六者，累德也。去就取與知能六者，塞道也。此四六者不盪胷中則正，正則靜，靜則明，明則虛，虛則无爲而无不爲也。」（頁八一〇）又彥和「疏瀹五藏，澡雪精神」之論，則本乎莊子知北遊所云：「汝齊戒疏瀹而心，澡雪而精神。」（頁七四一）臨文之時，貴在內心虛靜，排除一切私慾雜念，志清神明，自有物來順應之妙。故文心雕龍神思篇又云：

> 意翻空而易奇，言徵實而難巧也。是以意授於思，言授於意，密則無際，疏則千里，或理在方寸，或義在咫尺而思隔山河。是以秉心養術，無務苦慮，含章司契，不必勞情也。（註一四）

此謂言不盡意，故貴修心神，使其虛靜。紀昀亦曰：

> 虛靜二字，妙入微茫。補出積學酌理，方非徒騁聰明。觀理眞則思歸一線，直湊單微，所謂用志不分，乃疑於神。（註一五）

創作之時，貴在虛靜；而創作之前，則須儲備材料，故彥和又云：

> 積學以儲寶，酌理以富才，研閱以窮照，馴致以繹辭，然後使玄解之宰，尋聲律而定墨；獨照之匠，闚意象而運斤；此蓋馭文之首術，謀篇之大端。（註一六）

案「玄解之宰」之「玄解」，殆本乎莊子養生主篇所云「古者謂帝之縣解。」（頁一二八）成玄英疏云：「帝者，天也。爲生死所係者爲縣，則無死無生者縣解也。夫死生不能係，憂樂不能入者，而遠古聖人謂是天然之解脫也。」（頁一二九）又陸德明經典釋文云：「縣音玄。」（頁一二九）又崔譔

註一二：見范文瀾文心雕龍注，卷六，頁四九三。
註一三：見同註一二。
註一四：見註一二，頁四九四。
註一五：見註一二，頁四九八。
註一六：見同註一二。

云：「以生爲縣，以死爲解。」（頁一二九）
又案「玄解之宰」之「宰」，則本乎齊物論篇所云：「若有眞宰」（頁五十五）郭象注云：「萬物萬情，趣舍不同，若有眞宰使之然也。」（頁五十六）亦卽同篇所云：「其有眞君存焉。」（頁五十六）其中之「眞君」者也。據范文瀾文心雕龍神思篇注云：「玄解之宰謂心。」（註一七）
又案「獨照之匠」，殆本乎莊子天道篇所云：「輪扁曰：『臣也以臣之事觀之。斲輪，徐則甘而不固，疾則苦而不入。不徐不疾，得之於手而應之於心，口不能言，有數存於其間。臣不能以喻臣之子，臣之子亦不能受之於臣，是以行年七十而老斲輪。』」（頁四九一）
又案「闚意象而運斤」中之「運斤」，則本乎莊子徐无鬼篇所云：「郢人堊慢其鼻端若蠅翼，使匠石斲之。匠石運斤成風，聽而斲之，盡堊而鼻不傷，郢人立不失容。」（頁八四三）

綜上觀之，則劉彥和言文學創作之理論，殆原於莊子玄虛思想者也。

次就文學批評而言，則莊子玄虛思想對後世文學批評之影響，既深且大。如唐司空圖二十四詩品，其中含蓄一品云：

不著一字，盡得風流。語不涉己，若不堪憂。是有眞宰，與之沈浮。（註一八）

此卽莊子寓言篇所云：

不言則齊，齊與言不齊，言與不齊不齊也，故曰无言。言无言，終身言，未嘗不言；終身不言，未嘗不言。（頁九四九）

司空圖品評詩人之作品，列爲二十四種，其中含蓄一品，則受莊子之影響。莊子言無言之玄虛思想，除影響司空圖外，又影響嚴羽滄浪詩話，滄浪詩話云：

所謂不涉理路，不落言筌者，上也。詩者，吟詠情性也。盛唐諸人惟在興趣，羚羊掛角，無跡可尋。故其妙處透徹玲瓏，不可湊泊，如空中之音，相中之色，水中之月，鏡中之象，言有盡而意無窮。（註一九）

嚴氏此說，殆原於莊子外物篇所云：

荃者所以在魚，得魚而忘荃；蹄者所以在兔，得兔而忘蹄；言者所以在意，得意而忘言。（頁九四四）

故莊子天道篇又云：

世之所貴道者書也，書不過語，語有貴也。語之所貴者意也，意有所隨。意之所隨者，不可言傳也，而世因貴言傳書。世雖貴之，我猶不足貴也，爲其貴非其貴也。（頁四四八）

王弼周易略例亦有類似之論說，其言曰：

註一七：見註一二，頁四九九。
註一八：見何文煥輯歷代詩話上冊，頁四〇。
註一九：見註一八，下冊，頁六八八。

夫象者，出意者也；言者，明象者也。盡意莫若象，盡象莫若言；言生於象，故可尋言以觀象；象生於意，故可尋象以觀意。意以象盡，象以言著；故言者所以明象，得象而忘言；象者所以存意，得意而忘象。猶蹄者所以在兔而忘蹄；筌者所以在魚，得魚而忘筌也。然則，言者象之蹄也；象者，意之筌也。是故存言者，非得象者也；存象者，非得意者也。象生於意而存象焉，則所存者乃非其象也；言生於象而存言焉，則所存者乃非其言也。然則，忘象者，乃得意者也；忘言者，乃得象者也。得意在忘象，得象在忘言。故立象以盡意，而象可忘也；重畫以盡情，而畫可忘也。（註二〇）

莊子之玄虛思想，不徒影響司空圖二十四詩品中含蓄一品，亦影響洗鍊、雄渾二品。洗鍊一品云：

體素儲潔，乘月返眞。（註二一）

案「乘月返眞」中之「返眞」，殆本乎莊子大宗師篇與秋水篇。大宗師篇云：「嗟來桑戶乎！嗟來桑戶乎！而已反其眞，而我猶爲人猗！」（頁二六六）此反眞指還其本然，可視爲如仙人化形以登天，則還其本然者，即體素儲潔之精也。而秋水篇云：「无以人滅天，无以故滅命，无以得殉名。謹守而勿失，是謂反其眞。」（頁五九〇至五九一）則所謂反眞者，有鍊氣鍊性還其本始之意。此以「體素儲潔」狀洗字，而以「乘月返眞」狀鍊字。孫聯奎詩品臆說云：「體素儲潔，曰白曰堅，本質自好。乘月返眞，鍊氣歸神。」（註二二）誠哉此言也。

司空圖又有雄渾一品云：

大用外腓，眞體內充。反虛入渾，積健爲雄。具備萬物，橫絕太空。荒荒油雲，寥寥長風。超以象

外，得其環中。持之非强，來之無窮。（註二三）

案「得其環中」，原於莊子齊物論篇所云：「樞始得其環中，以應无窮。」（頁六十六）郭象注云：「夫是非反覆，相尋無窮，故謂之環。環中，空矣。」（頁六十八）又則陽篇亦云：「冉相氏得其環中以隨成。」（頁八八五）成玄英疏云：「環，中之空也。言古之聖王，得眞空之道，體環中之妙，故道順羣生，混成庶品。」（頁八八五）一則超乎迹象之妙，純以空運；再則適得環中之妙，仍不失乎其中，此卽所謂「返虛入渾」。返虛入渾，亦卽自然成「雄」。故不能虛則不能渾，不能渾則不能雄。是以楊廷芝詩品淺解曰：「超以象外，至大不可限制；得其環中，理之圓足混成無缺，如太極然。」（註二四）詩文之道，或代聖賢立言，或自抒其懷抱，總要見得到，說得出，務使健不可撓，牢不可破，才可當不朽之一，故先之以雄渾。然雄渾之境，須有大才力、大學問方能得之，等閒之輩則不能也。故楊振綱詩品解引臯蘭課業本原解云：「此（指雄渾）非有大才力、大學問不能，文中惟莊馬，詩中惟李杜，足以當之。」（註二五）惟有莊子、司馬遷、李白、杜甫之大才力與大學問，方能臻於

註二〇：見註一，頁六〇九。
註二一：見註一八，頁三十九。
註二二：見詩品集解，頁十五。
註二三：見註一八，頁三十八。
註二四：見註二二，頁五。
註二五：見註二二，頁三。

雄渾之境。是以杜甫曰：「讀書破萬卷，下筆如有神。」（註二六）豈虛語哉？萬卷書須讀得破，始能去其糟粕，取其精華，讀得不破，則爲獺祭、飣餖，去「神」字則遠矣，焉能達於雄渾之域？故劉彥和云：

文章由學，能在天資。才自內發，學以外成，有學飽而才餒，有才富而學貧。學貧者，迍邅於事義；才餒者，劬勞於辭情；此內外之殊分也。是以屬意立文，心與筆謀，才爲盟主，學爲輔佐，主佐合德，文采必霸，才學偏狹，雖美少功。（註二七）

劉知幾亦云：

有才無學，如巧匠無木，不能運斤；有學無才，如愚賈操金，不能屯貨。（註二八）

袁子才亦云：

詩文之作意用筆，如美人之髮膚巧笑，先天也；詩文之徵文用典，如美人之衣裳首飾，後天也。至于于腔調塗澤，則又是美人之裹足穿耳，其功更後矣。（註二九）

綜上觀之，則非才無以廣學，非學無以運才，別才別趣之說，咸歸之於讀書窮理，本無所偏。李玉洲先生曰：「凡多讀書，爲詩家最要事，所以必須胸有萬卷者，欲其助我神氣耳。」（註三〇）由此可知，欲有玄虛思想，並非憑空可得，須多讀書，方可得神氣矣。

莊子玄虛思想既影響司空圖、嚴羽，又影響趙翼、袁子才。清趙翼甌北詩話評李青蓮云：

詩之不可及處，在乎神識超邁，飄然而來，忽然而去，不屑屑於雕章琢句，亦不勞勞於鏤心刻骨，

自有天馬行空，不可羈勒之勢。（註三一）

此殆本於莊子在宥篇所云：

无視无聽，抱神以靜，形將自正。（頁三八一）

案成玄英疏云：「耳目無外視聽，抱守精神，境不能亂，心與形合，自冥正道。」（頁三八二）此猶養生主篇所謂「以神遇而不以目視，官知止而神欲行」者也。

袁子才續詩品，其中著我一首云：

不學古人，法無一可。竟似古人，何處著我！字字古有，言言古無。吐故吸新，其庶幾乎！孟學孔子，孔學周公，三人文章，頗不相同。（註三二）

蓋形可學而神不學，故周櫟園曰：「學古人者，只可與之夢中神合，不可使其白晝現形。」（註三三）

註二六：見杜詩鏡銓，頁九十四。

註二七：見註一二，頁六一五。

註二八：見袁枚隨園詩話補遺，頁八十四引。

註二九：見同註二八。

註三〇：見註二八，頁一。

註三一：見趙翼甌北詩話，卷一，頁三。

註三二：見續詩品注，頁一七六。

註三三：見袁枚隨園詩話，頁一〇三。

以上雖言學古人之詩文，然而善學者得魚忘筌，上也；不善學者刻舟求劍，下也。此亦品評文學作品之等第者也。

總而言之，莊子之玄虛思想，用之於文學創作，則可神化妙境；用之於文學批評，則可體悟文章之良窳，蓋意之所隨者，不可以言傳也。由此可知，莊子之玄虛思想，對後世文學理論之影響，可謂莫大矣。

第三章　莊子之文學特色

第一節　莊子體例之探究

莊子文思廣大，文體不一。據寓言篇云，不外乎寓言、重言、卮言三類。其言曰：

寓言十九，重言十七，卮言日出，和以天倪。寓言十九，藉外論之。親父不爲其子媒。親父譽之，不若非其父者也；非吾罪也，人之罪也。與己同則應，不與己同則反；同於己爲是之，異於己爲非之。重言十七，所以已言也，是爲耆艾。年先矣，而無經緯本末以期年耆者，是非先也。人而无以先人，无人道也；人而无人道，是之謂陳人。卮言日出，和以天倪，因以曼衍，所以窮年。不言則齊，齊與言不齊，言與齊不齊也，故曰无言。言无言，終身言，未嘗不言；終身不言，未嘗不言。有自也而可，有自也而不可；有自也而然，有自也而不然。惡乎然？然於然。惡乎不然？不然於不然。惡乎可？可於可。惡乎不可？不可於不可。物固有所然，物固有所可，无物不然，无物不可。非卮言日出，和以天倪，孰得其久！萬物皆種也，以不同形相禪，始卒若環，莫得其倫，是謂天均。

天均者，天倪也。（註一）

案唐陸德明經典釋文莊子音義下云：「寓言，以人不信己，故託之他人十言而九見言也。重言，謂爲人所重之言也。卮言，施之於言，而隨人從變，己無常主者也。」（註二）明陸長庚讀南華眞經雜說云：「寓言者，意在於此，寄言於彼也。重言者，假借古人，以自重其言也。寓言如大鵬社樹之類，重言如稱引黃帝、堯、舜、仲尼、顏子之類。卮言者，舊說有味之言，可以飲人，看來只是卮酒間曼衍之說，寓言意在言外，卮言味在言內，重言徵在言先。」（註三）清林雲銘讀莊子法雜說之七云：「莊子只有三樣說話：寓言者，本無此人此事，從空驀撰出來。重言者，本非古人之事與言，而以其事與言屬之。卮言者，隨口而出，不論是非也。」（註四）近人張默生莊子新釋云：「言在彼而意在此，就叫做寓言。重言是借重古先聖哲或是當時名人的話，來壓抑時論的。卮是漏斗，卮言就是漏斗式的話。……莊子卮言的取義，就是說，他說的話，都是無成見之言，正有似於漏斗。」（註五）綜上而論，所謂寓言，言在此而意寄於彼也（註六）；所謂重言，假借古聖先賢或當時名人之事與言，爲世人所重視也；所謂卮言，漏斗式之言也；易言之，因人、事、物、時、空之異而立論，無成見之言也。

胡遠濬莊子詮詁序例云：「莊子自別其言，有寓重卮三者，其實重言，皆卮言也，亦卽寓言。以天下沈濁，不可與莊語，故往往正言若反。」據此可知，寓言、重言、卮言有時難分，故莊子之文體，似以今之文學觀分類爲佳。郎擎霄分莊子之文體爲五類，其言曰：

逍遙遊、齊物論、養生主、人間世、德充府、大宗師、應帝王等爲一項，蓋爲莊子自作者也；馬蹄、秋水、在宥、天地、天運、天道、知北遊、達生、繕性、駢拇、庚桑楚、則陽、胠篋等爲一類，蓋莊子之演說詞，而莊子之徒所隨地紀錄也。寓言、天下爲一類，蓋莊子自敍其學說之大旨者也。列禦寇、徐無鬼、至樂、外物、山木、說劍、田子方爲一類，蓋莊子弟子所記莊子言行之實錄也。漁父、讓王、盜跖、刻意爲一類，蓋莊子之雜談而其徒記述增益之者也。是故第一類爲論說體，第二類爲演講體，第三類爲書序體，第四類爲列傳體，第五類爲雜記體。諸體之中，論說體文旨華妙，演講體文最雄放，序體最簡潔，傳體最嚴整，記體亦平實。（註七）

郎擎霄不止將莊子三十三篇加以分類，並闡明其文體之特點。玆依莊子之內容與文學之觀點，將莊子

註一：見郭慶藩莊子集釋，頁九四七至九五〇。此後凡引莊子原文，逕標篇名、頁碼，不另作註。

註二：見通志堂經解（清除乾學輯，納蘭成德校訂），冊四十，頁二三〇四二。

註三：見嚴靈峰莊子集成續編，冊七，頁二六至二七。

註四：見昭代叢書卷十九，讀莊子法頁五。

註五：見張默生莊子新釋上冊，莊子研究答問，頁十一至十四。

註六：見黃師錦鋐新譯莊子讀本，（以下簡稱黃師新譯），頁三二〇。

註七：見郎擎霄莊子學案，第十一章，頁二〇四至二〇五。

文章之體例，分爲五大類，即神話、傳說、故事、散文、小說是也，今闡述如後：

甲、神　話

何謂神話？魯迅云：

昔者初民，見天地萬物，變異不常，其諸現象，又出于人力所能以上，則自造衆說以解釋之：凡所解釋，今謂之神話。（註八）

此言神話乃初民解釋天地萬物中，非人力所能及而變異現象之作品。劉大杰則提出更通俗、更簡要之解釋，其言曰：

神話是初民對於自然現象的解釋，反映人類和自然界的鬥爭。（註九）

譚達生亦闡釋神話之意義，其言曰：

神話就是自然界和社會形態在原始社會人民不自覺的藝術幻想中的生動反映，也是當時生產力低下的人民企圖支配自然的一種結果。（註一〇）

王孝廉中國的神話與傳說亦云：

神話是古代民衆以超自然性靈的意志活動爲底基而對於周圍自然界及人文界諸事象所做的解釋或說明的故事。（註一一）

玄珠中國神話研究亦云：

所謂「神話」者，原來是初民的知識的積累，其中有初民的宇宙觀，宗教思想，道德標準，民族歷史最初期的傳說，並對於自然界的認識等等。（註一二）

袁珂中國古代神話亦云：

神話乃是自然現象，對自然底奮鬥，以及社會生活在廣大的藝術概括中的反映。換句話說，神話的產生，也是基於現實生活，而並不是出於人類頭腦裏的空想。（註一三）

綜觀各家之說，摧而論之，神話者，卽昔者初民，見天地萬物，變化無常，其諸現象，非人力所能及，則自造臆說，以闡釋之；此乃初民知識之積累，其中有宇宙觀，宗教思想，道德標準，民族歷史，最初之傳說，自然界之認識等。簡言之，凡對自然現象之詮釋，對自然界之奮鬥與希望，以及對社會生活之反映，謂之神話。

中國神話，古無專書，僅散見於古籍中，而保存最早者，如書經、詩經、左傳是也；所載最多者，

註八：見魯迅中國小說史略，頁二十二

註九：見劉大杰中國文學發展史上冊，頁十三至十四。

註一〇：見譚達生中國神話研究，頁二。

註一一：見王孝廉中國的神話與傳說，頁一。

註一二：見玄珠中國神話研究，頁四。

註一三：見中國古代神話，前言，頁一。

有山海經、楚辭、淮南子。此外穆天子傳、莊子、呂氏春秋、國語、墨子、韓非子、列子、孟子、荀子、管子、尸子……等書，亦皆有神話。莊子書中之神話，乃藉神話之故事，以闡明人生哲理（註一四），其語辭艷麗，描述生動，頗有文學價值。如逍遙遊篇云：

藐姑射之山，有神人居焉，肌膚若冰雪，淖約若處子。不食五穀，吸風飲露。乘雲氣，御飛龍，而遊乎四海之外。其神凝，使物不疵癘而年穀熟。吾以是狂而不信也。（頁二八）

此文描繪姑射神人，氣勢飄逸，為後世神仙家所本也。而莊子藉姑射神人，闡述神人無功之例證。又如齊物論篇云：

昔者十日並出，萬物皆照，而況德之進乎日者乎！（頁八九）

此莊子藉十日神話，闡明治道以自然為上之例證者也。又如大宗師篇云：

夫道，有情有信，无為无形；可傳而不可受，可得而不可見；自本自根，未有天地，自古以固存；神鬼神帝，生天生地；在太極之先而不為高，在六極之下而不為深，先天地生而不為久，長於上古而不為老。狶韋氏得之，以挈天地；伏戲氏得之，以襲氣母；維斗得之，終古不忒；日月得之，終古不息；堪坏得之，以襲崑崙；馮夷得之，以遊大川；肩吾得之，以處大山；黃帝得之，以登雲天；顓頊得之，以處玄宮；禺强得之，立乎北極；西王母得之，坐乎少廣，莫知其始，莫知其終；彭祖得之，上及有虞，下及五伯；傅說得之，以相武丁，奄有天下，乘東維，騎箕尾，而比於列星。

（頁二四六至二四七）

此莊子藉神仙之流，敍述形而上之本體論。狶韋氏、伏戲氏、黃帝、顓頊，原爲帝王名，然皆得道而爲神也。堪坏、崑崙山，神名也。堪坏人面獸身，得道入崑崙山爲神也。馮夷，河神名。肩吾，神名也。得道，故處東岳爲太山之神。禺强，水神名也，亦曰禺京。彭祖，帝顓頊之玄孫也。封於彭城，其道可祖，故稱彭祖，得道而成神者也。（註一五）蓋假神仙之道而發其義，以堅民信焉。此不獨莊子爲然也，卽儒墨亦然，惟莊子以藝術表之，則迥然不同耳。又如應帝王篇云：

南海之帝爲儵，北海之帝爲忽，中央之帝爲渾沌。儵與忽時相與遇於渾沌之地，渾沌待之甚善。儵與忽謀報渾沌之德，曰「人皆有七竅，以視聽食息，此獨无有，嘗試鑿之。」日鑿一竅，七日而渾沌死。（頁三〇九）

此莊子藉渾沌之神話，闡發有爲而治，違反自然，於事無補，足以喪生，所謂「爲者敗之」是也。

莊子書中之神話，除內篇有之，外雜篇亦有之，據譚達生云：

註一四：案王煜云：「他（指莊子）採用的不是神話的字面意義，而是它們象徵的哲學意義。」（見王煜老莊思想論集，頁三。）又顧實云：「後世南方思潮，與山東方士之說，爲特種融化之結合，遂令道教確立，誇張其神仙尸解飛昇之說，方士鍊丹葆形之術者，主起因於莊子文章之奇幻，如莊子稱藐姑射神人，原以具體形容聖人爲本旨，乃庸俗之徒誤解之，遂成長生不死之仙人，是也。」（見顧實中國文學史大綱，第四章周末文學，頁三十八。）由此可知，莊子並未表示神話之眞實性。）

註一五：以上參閱註一，頁二四八至二五〇。

莊子，宋莊周作，……書中雜篇保存的神話不少。（註一六）

茲各舉外雜篇一例，以明之。外篇之天地篇云：

黃帝遊乎赤水之北，登乎崑崙之丘而南望，還歸，遺其玄珠。使知索之而不得，使離朱索之而不得，使喫詬索之而不得也。乃使象罔，象罔得之。黃帝曰：「異哉！象罔乃可以得之乎？」（頁四一四）

莊子所述此段神話，乃假此以寓「道可遇而不可求」之意，蓋大道惟無心可得，故象罔（象罔，無心之意）得之矣。（註一七）

又雜篇之盜跖篇云：

神農之世，臥則居居，起則于于，民知其母，不知其父，與麋鹿共處，耕而食，織而衣，无有相害之心，此至德之隆也。（頁九九五）

神農氏乃神話中之人物，描述其生於「民知其母，不知其父」，與野獸共處之母系氏族公社，以及自耕自食，自織自穿之情狀，可謂簡潔明暢。

神話乃文學之淵源，於文學發展史上，有極高之價值。故近人曰：

神話大抵一「神格」爲中樞，又推演爲敍說，而於敍說之神、之事，又從而信仰敬畏之，於是歌頌其威靈，致美於壇廟，久而愈進，文物遂繁，故神話不特爲宗教之萌芽，美術所由起，且實爲文章之淵源。（註一八）

又袁珂中國古代神話亦云：

因爲神話本身就最富於興趣，它對於文學藝術有很大的影響，文學藝術靠了它才更加顯得美麗而年輕。例如我們所熟知的希臘古代精美絕倫的雕刻，就幾乎全和神話有關。再如中國殷周時代的鼎彝，多用饕餮、夔、夔龍、夔鳳、蛟、螭……等奇禽異獸的鑄像作爲裝飾，就很富於神話意味；大詩人屈原著的離騷、天問、九歌……等，也都取材於神話，藉此以抒寫其對當時楚國昏庸腐敗的政治的悲憤。他如埃及壁畫，印度史詩，都具有神話的因素：這都說明神話對文學藝術是起著豐美的作用的，研究神話，可以使我們對古代優美的文學藝術遺產有更深刻的認識。（註一九）

綜上所舉，則神話對文學之影響，可謂鉅大矣。

乙、傳　說

神話與傳說易於混淆，蓋神話偏於神化，而傳說重於人化。神話與傳說之區別有二：其一，神話之主人公爲神，或半人半神，其狀貌，才能，功業，具有誇張怪異之因素；而傳說之主人公則爲人，其狀貌、才能、功業，具有想像虛構之因素。其二，神話之反映，多超乎現實生活；而傳說之反映，

註一六：見註一〇，頁一二。

註一七：參閱註六，頁一六一，以及古神話選釋，頁一一一三。

註一八：見註八，頁一二。

註一九：見註一三，頁一一。

則大致近乎或合於現實生活。（註二〇）傳說故事，產生較晚，是以近人云：

迨神話演進，則爲中樞者漸近于人性，凡所敍述，今謂之傳說。傳說之道，或爲神性之人，或爲古英雄，其奇才異能英勇爲凡人所不及，而由於天授，或由於天相者，簡狄呑燕卵而生商，劉媪得交龍而孕季，皆其例也。（註二一）

袁珂中國古代神話亦云：

神話漸漸演進，作爲神話裏的主人公漸接近於人性，敍述這漸接近於人性的主人公的事跡的，就是所謂傳說。……傳說已隨著文明的進步，漸排斥去神話中過於樸野的成份，而代以較合理的人情味的構想與安排，從神話演進爲傳說，我們就可以看到人民是怎樣把自己在政治上和生活上的願望滲入神話中去的這一事實，同時我們也就可以看到人類是怎樣從文化的較低階段進入到文化的較高階段了。（註二三）

綜觀上述，則傳說乃人們輾轉流傳之故事，而其中人物事跡，雖有史跡可尋，如孔子、顏回、老聃，然莊書所述之事跡，則不見於史書，爲莊子所虛構，所以抒發思想與主張，蓋不易辨證其眞僞，故列爲傳說。莊子書中之傳說，蘊涵極爲濃厚之哲理。如人間世篇云：

顏回見仲尼，請行。曰：「奚之？」曰：「將之衞。」曰：「奚爲焉？」曰：「回聞衞君，其年壯，其行獨；輕用其國，而不見其過；輕用民死，死者以國量乎澤若蕉，民其无如矣。回嘗聞之夫子曰：『治國去之，亂國就之，醫門多疾。』願以所聞思其則，庶幾其國有瘳乎！」仲尼曰：「譆！若殆往而刑耳！夫道不欲雜，雜則多，多則擾，擾則憂，憂則不救。古之至人，先存諸己而後存諸人。所存於己者未定，何暇至於暴人之所行！且若亦知夫德之所蕩而知之所為出乎哉？德蕩乎名，知出乎爭。名也者，相軋也；知也者，爭之器也。二者凶器，非所以盡行也。且德厚信矼，未達人氣，名聞不爭，未達人心。而強以仁義繩墨之言術暴人之前者，是以人惡有其美也，命之曰菑人。菑人者，人必反菑之，若殆為人菑夫！且苟為悅賢而惡不肖，惡用而永有以異？若唯无詔，王公必將乘人而鬥其捷。而目將熒之，而色將平之，口將營之，容將形之，心且成之。是以火救火，以水救水，名之曰益多。順始无窮，若殆以不信厚言，必死於暴人之前矣！」（頁一三一至一三六）

莊子藉孔子曲達顏回之固執一隅，則遭致刑戮及身而已，此莊子主張變通之例證者也。又如德充符篇云：

> 魯有兀者王駘，從之遊者與仲尼相若。常季問於仲尼曰：「王駘，兀者也，從之遊者與夫子中分魯，立不教，坐不議，虛而往，實而歸。固有不言之教，無形而心成者邪？是何人也？」仲尼曰：「夫子，聖人也，丘也直後而未往耳。丘將以為師，而況不若丘者乎！奚假魯國！丘將引天下而與從之。」常季曰：「彼兀者也，而王先生，其與庸亦遠矣。若然者，其用心也獨若之何？」仲尼曰：「死

註二〇：參閱註八，頁二十五。

註二一：見註八，頁二十三。

註二二：見註一三，頁九至十。

生亦大矣，而不得與之變，雖天地覆墜，亦將不與之遺。審乎无假而不與物遷，命物之化而守其宗也。」常季曰：「何謂也？」仲尼曰：「自其異者視之，肝膽楚越也；自其同者視之，萬物皆一也。夫若然者，且不知耳目之所宜，而遊心乎德之和；物視其所一而不見其所喪，視喪其足猶遺土也。」（頁一八七至一九一）

此莊子藉兀者行不言之教而有弟子與孔子中分魯之故事，進而假託孔子曲達超越形軀殘全之定執思想。

又如大宗師篇云：

顏回問仲尼曰：「孟孫才，其母死，哭泣无涕，中心不戚，居喪不哀。无是三者，以善處喪蓋魯國。固有无其實而得其名者乎？回壹怪之。」仲尼曰：「夫孟孫氏盡之矣，進於知矣。唯簡之而不得，夫已有所簡矣。孟孫氏不知所以生，不知所以死；不知就先，不知就後；若化爲物，以待其所不知之化已乎？且方將化，惡知不化哉？方將不化，惡知已化哉？吾特與汝，其夢未始覺者邪！且彼有駭形而无損心，有旦宅而无情死。孟孫氏特覺，人哭亦哭，是自其所以乃。且也相與吾之耳矣，庸詎知吾所謂吾之乎？且汝夢爲鳥而厲乎天，夢爲魚而沒於淵。不識今之言者，其覺者乎，其夢者乎？造適不及笑，獻笑不及排，安排而去化，乃入於寥天一。」（頁二七四至二七五）

此莊子藉孔子力斥時人，特指儒家「駭形損心，旦宅死情」之違反天道自然，進而寄寓「安排而去化，乃入於寥天一」之天均境域。

以上乃莊子內篇藉傳說之事跡，闡述哲理，外雜篇亦有之。外篇如天道篇云：

孔子西藏書於周室。子路謀曰：「由聞周之徵藏史有老聃者，免而歸居，夫子欲藏書，則試往因焉。」孔子曰：「善。」往見老聃，而老聃不許，於是繙十二經以說。老聃中其說，曰：「大謾，願聞其要。」孔子曰：「要在仁義。」老聃曰：「請問，仁義，人之性邪？」孔子曰：「然。君子不仁則不成，不義則不生。仁義，眞人之性也，又將奚爲矣？」老聃曰：「請問，何謂仁義？」孔子曰：「中心物愷，兼愛无私，此仁義之情也。」老聃曰：「意，幾乎後言！夫兼愛，不亦迂乎！无私焉，乃私也。夫子若欲使天下无失其牧乎？則天地固有常矣，日月固有明矣，星辰固有列矣，禽獸固有羣矣，樹木固有立矣。夫子亦放德而行，循道而趨，已至矣！又何偈偈乎揭仁義，若擊鼓而求亡子焉？意，夫子亂人之性也！」（頁四七七至四七九）

又如天運篇云：

孔子行年五十有一而不聞道，乃南之沛見老聃。老聃曰：「子來乎？吾聞子，北方之賢者也，子亦得道乎？」孔子曰：「未得也。」老子曰：「子惡乎求知哉？」曰：「吾求之於度數，五年而未得也？」曰：「吾求之於陰陽，十有二年而未得。」老子曰：「然。使道而可獻，則人莫不獻之於其君；使道而可進，則人莫不進之於其親；使道而可以告人，則人莫不告其兄弟；使道而可以與人，則人莫不與其子孫。然而不可者，无佗也，中无主而不止，外无正而不行。由中出者，不受於外，聖人不出；由外入者，無主於中，聖人不隱。名，公器也，不可多取。仁義，先王之蘧廬也，止可以一宿而不可久處，覯而多責。古之至人，假道於仁，託宿於義，以遊逍遙之虛，食於苟簡之田，立於不貸之圃。逍遙，无爲也；苟簡，易養也；不貸，无出也。古者謂是采眞之遊。」（頁五一六至五一九）

由此二者可知，儒道思想之差異。儒家以仁義爲修己之至道，而道家則以仁義爲道之偏執，足以滑亂人之本性。而此二者，乃將孔子問禮於老聃之傳說，轉爲孔子問道於老聃，再藉老聃之言，謂仁義乃人之私情，僅爲先王之傳舍，至人之假道而已。所謂道，乃合乎天地自然之常道。吾人若遵循自然常存之至道，即可彷徨乎「逍遙之墟」，而得「采眞之遊」。莊子藉孔子問道於老聃而闡述至道之方者，猶有田子方篇、知北遊。

雜篇如寓言篇云：

陽子居南之沛，老聃西遊於秦，邀於郊，至於梁而遇老子。老子中道仰天而歎曰：「始以汝爲可教，今不可也。」陽子居不答。至舍，進盥漱巾櫛，脫屨戶外，膝行而前曰：「向者弟子欲請夫子，夫子行不閒，是以不敢。今閒矣，請問其過。」老子曰：「而睢睢盱盱，而誰與居？大白若辱，盛德若不足。」陽子居蹴然變容曰：「敬聞命矣！」其往也，舍者迎將，其家公執席，妻執巾櫛，舍者避席，煬者避竈。其反也，舍者與之爭席矣。（頁九六二至九六三）

此則傳說涵藏莊子對老聃、楊朱思想之心領神會，由此可知，道家思想之流衍，乃由老子重於形上歸趨與政治智慧，再通過楊朱爲我貴己之全生保眞，不以物累形，然後轉入莊子專注於內在精神之心齋

坐忘，自由上揚而與自然冥合，明照通觀而與萬物爲一。（註二三）

綜觀上述，莊子書中之主要人物，雖見於史籍或其他著錄，然莊子借其人而虛構故事，以抒發其思想與主張。莊子書中以傳說爲素材者，不止以上所擧，尚有借列子、管仲、許由、百里奚……等爲說。莊子非純粹敍述傳說，而僉有寓意，是以頗具文學價值。

丙、故　事

所謂故事，就廣義言之，包含神話、傳說、志怪之故事；就狹義言之，則但指爲人所杜撰虛構之故事。莊子書中之故事，乃指狹義之虛構故事而言。此與傳說相同者：二者所敍述之故事，未必眞實無妄。其相異者：傳說中之主要人物，於史籍或其他著錄中，可以考見；而故事中之人物，則不見於其他典籍文獻，均爲作者所杜撰虛構者也。

莊子書中以故事爲素材者，內外雜篇皆有，玆擧例以明之。內篇如齊物論篇云：

罔兩問景曰：「曩子行，今子止；曩子坐，今子起；何其无特操與？」景曰：「吾有待而然者邪？吾所待又有待而然者邪？吾待蛇蚹蜩翼邪？惡識所以然！惡識所以不然！」（頁一一〇至一一一）

罔兩、景，爲莊子所虛構者也。莊子藉罔兩與景之對話，以明獨化之義。又如人間世篇云：

支離疏者，頤隱於臍，肩高於頂，會撮指天，五管在上，兩髀爲脅。挫鍼治繲，足以餬口；鼓筴播

註二三：參閱連淸吉莊子寓言硏究，頁一〇〇至一〇一。

精，足以食十人。上徵武士，則支離攘臂而遊於其間；上有大役，則支離以有常疾不受功；上與病者粟，則受三鍾與十束薪。夫支離其形者，猶足以養其身，終其天年，又況支離其德者乎！（頁一八〇）

夫支離疏者，爲莊子虛構形體殘缺之人。此故事描述形體怪異之支離疏，不徒能「坐鍼治繲」以自養，亦能「鼓筴播精」以養人，又能藉形體支離不全而免勞役、得賑濟，以「終其天年」。又如德充符篇云：

闉跂支離无脤說衞靈公，靈公說之；而視全人，其脰肩肩。甕盎大癭說齊桓公，桓公說之；而視全人，其豆肩肩。故德有所長而形有所忘，人不忘其所忘而忘其所不忘，此謂誠忘。（頁二一六至二一七）

闉跂支離无脤、甕盎大癭者，爲莊子所虛構形體怪異之人。此二人者，窮天地之陋，而俱能忘形建德，體道談玄，遂使齊、衞兩君，欽風愛悅，美其盛德，不覺病醜，顧視全人之頸，反小而自肩肩者。又如應帝王篇云：

天根遊於殷陽，至蓼水之上，適遭无名人而問焉曰：「請問爲天下。」无名人曰：「去！汝鄙人也，何問之不豫也！予方將與造物者爲人，厭，則又乘夫莽眇之鳥，以出六極之外，而遊无何有之鄉，以處壙埌之野。汝又何帠以治天下感予之心爲？」又復問。无名人曰：「汝遊心於淡，合氣於漠，順物自然而無容私焉，而天下治矣。」（頁二九二至二九四）

天根、无名人，均爲莊子虛構之人物。此莊子藉天根與无名人之對話，闡明無爲而治之道也。

外篇如天地篇云：

諄芒將東之大壑，適遇苑風於東海之濱。苑風曰：「子將奚之？」曰：「將之大壑。」曰：「奚爲焉？」曰：「夫大壑之爲物也，注焉而不滿，酌焉而不竭；吾將遊焉。」苑風曰：「夫子无意於橫目之民乎？願聞聖治。」諄芒曰：「聖治乎？官施而不失其宜，拔舉而不失其能，畢見其情事而行其所爲，行言自爲而天下化，手撓顧指，四方之民莫不俱至，此之謂聖治。」「願聞德人。」曰：「德人者，居无思，行无慮，不藏是非美德。四海之內共利之之謂悅，共給之之爲安；怊乎若嬰兒之失其母也，儻乎若行而失其道也。財用有餘而不知其所自來，飲食取足而不知其所從，此謂德人之容。」「願聞神人。」曰：「上神乘光，與形滅亡，此謂照曠。致命盡情，天地樂而萬事銷亡，萬物復情，此之謂混冥。」（頁四三九至四四三）

諄芒、苑風，爲莊子所虛構者也。莊子藉諄芒遇苑風之故事，以闡釋聖治、德人、神人之理。又如知北遊篇云：

於是泰清問乎无窮曰：「子知道乎？」无窮曰：「吾不知。」又問乎无爲。无爲曰：「吾知道。」曰：「子之知道，亦有數乎？」曰：「有。」曰：「其數若何？」无爲曰：「吾知道之可以貴，可以賤，可以約，可以散，此吾所以知道之數也。」无始曰：「不知深矣，知之淺矣；弗知內矣，知之外矣。」於是泰清中而歎曰：「弗知乃知乎！知乃不知乎！孰知不知之知？」无始曰：「道不可聞，聞而非也；道不可見，見而非也；道不可言，言而非也。知形形之不形乎！道不當名。」无始曰：「有問道而應之者，不知道也。雖問道者，亦未聞道。道无問，問无應。无問問之，是問窮也；无應應之，是无內也。以无內待問窮，若是者，外不觀乎宇宙，內不知乎大初，是以不過乎崐崙，不遊乎太虛。」（頁七五六至七五八）

泰清、无窮、无爲、无始，爲莊子所虛構者也。莊子藉泰清、无窮、无爲、无始之問答，闡明道不可聞見，不可言傳，不當命名。知北遊篇又云：

光曜問乎无有曰：「夫子有乎？其无有乎？」光曜不得問，而孰視其貌，窅然空然，終日視之而不見，聽之而不聞，搏之而得也。光曜曰：「至矣！其孰能至此乎！予能有无无也；及爲无有矣，何從至此哉！」（頁七五九至七六〇）

光曜、无有，爲莊子所虛構者也。莊子藉光曜之言，闡釋有無之道。

雜篇如則陽篇云：

少知問於大公調曰：「何謂丘里之言？」大公調曰：「丘里者，合十姓百名而以爲風俗也，合異以爲同，散同以爲異。今指馬之百體而不得馬，而馬係於前者，立其百體而謂之馬也。是故丘山積卑爲高，江河合水而爲大，大人合并而爲公。是以自外入者，有主而不執；由中出者，有正而不距。四時殊氣，天不賜，故歲成；五官殊職，君不私，故國治；文武大人不賜，故德備；萬物殊理，道不私，故无名。无名故无爲，无爲而无不爲。時有終始，世有變化。禍福淳淳，至有所拂者而有所宜；自殉殊面，有所正者有所差。比於大澤，百材皆度；觀於大山，木石同壇。此之謂丘里之言。」

少知曰：「然則謂之道，足乎？」大公調曰：「不然。今計物之數，不止於萬，而期曰萬物者，以數之多者號而讀之也。是故天地者，形之大者也；陰陽者，氣之大者也；道者爲之公。因其大以號而讀之則可也，已有之矣，乃將得比哉！則若以斯辯，譬猶狗馬，其不及遠矣。」（頁九〇九至九一三）

少知、大公調，爲莊子虛構之人物。莊子藉二人之問答，討論同異問題。則陽篇又云：

少知曰：「四方之內，六合之裏，萬物之所生惡起？」大公調曰：「陰陽相照相蓋相治，四時相代相生相殺，欲惡去就於是橋起，雌雄片合於是庸有。安危相易，禍福相生，緩急相摩，聚散以成。此名實之可紀，精微之可志也。隨序之相理，橋運之相使，窮則反，終則始。此物之所有，言之所盡，知之所至，極物而已。覩道之人，不隨其所廢，不原其所起，此議之所止。」少知曰：「季眞之莫爲，接子之或使，二家之議，孰正於其情，孰偏於其理？」大公調曰：「雞鳴狗吠，是人之所知；雖有大知，不能以言讀其所自化，又不能以意其所將爲。斯而析之，精至於无倫，大至於不可圍，或之使，莫之爲，未免於物而終以爲過。或使則實，莫爲則虛。有名有實，是物之居；无名无實，在物之虛。可言可意，言而愈疏。未生不可忌，已死不可徂。死生非遠也，理可覩。或之使，莫之爲，疑之所假。吾觀之本，其往无窮；吾求之末，其來无止。无窮无止，言之无也，與物同理；或使莫爲，言之本也，與物終始。道不可有，有不可无。道之爲名，所假而行。或使莫爲，在物一曲，夫胡爲於大方？言而足，則終日言而盡道；言而不足，則終日言而盡物。道物之極，言默不足

以載；非言非默，議有所極。」（頁九一四至九一七）

少知與大公調，皆屬子虛烏有，莊子藉二人之對話，論萬物起源之問題。

綜觀所述，則莊子虛構故事，並非純粹敍述故事而已，乃藉故事中人物之一言一行，闡明哲理，是以莊子書中之虛構故事，具有極高之文學價值。

丁、散　文

散文之涵義，可分爲五方面詮釋之。（註二四）

(1)就行文而言，不用對偶之單筆曰散文。

文心雕龍總術篇云：「今之常言，有文有筆，以爲無韻者筆也，有韻者文也。」（註二五）案無韻者，散文也。是故傅東華以爲散文對駢文而言，爲不用對偶之單筆，所謂散行之文字，唐宋以來之古文，殆指此也。（註二六）

(2)就內容而言，質樸之文曰散文。

單筆行文不足盡散文之能事，於是有以質樸之言解釋者，如焦循雕菰集文說一云：「學者以散行爲古文，散文者，質言之者也。其質言之，何也？有所以言之者，而不可以不質言之也。」（註二七）

(3)就功用而言，實用之文曰散文。

謝无量實用文章義法云：「吾國自古有美文與實用文之別，其原遠出五經。易有文言，詩通聲樂，是美文也。書、禮、春秋，皆實用文也。美文或主傳遠，故聯音韻，比宮商，以便記誦。或主通情和志，故既協歌誦，又必飾以華采，博其譬喻；實用文則不然，辭達而已。書列典、謨、誥、誓，爲政事條教之文，禮載制度典章，儀禮敘事極簡覈，周官考工記善於狀物，爲後世文家所宗。春秋謹嚴，一字見義，屬辭比事，莫大於春秋。周時樂正教士，殆如今之學校，而以詩、書、禮、樂爲四術，詩樂爲美文，書禮是實用文，故知美文及實用文，當時幷列於教科，爲學者所習用也。」（註二八）案謝氏所謂之美文，蓋指韻文；而所謂之實用文，則指散文。

(4)就形式而言，不受一切句調聲律之拘束而散行以達意之文曰散文。

方孝岳中國散文概論云：「散文這個稱號，每是對駢文而稱的。論其本體，卽是不受一切句調聲律之覊束而散行以達意的文章。如沈約所說：『前有浮聲，則後須切響，一簡之內，音韻盡殊，兩句之中，輕重悉異。』柳宗元所說的『駢四儷六，錦心繡口。』李商隱所說的『四六之名，六博格五四數六甲之取。』這些都是駢文所守的規律，散文是沒有這些形式上的拘束的。」（註二九）方氏所謂

註二四：以下有關「散文之涵義」，參考王師更生散文研究課堂筆記。
註二五：見范文瀾文心雕龍注，卷九，頁六五五。
註二六：參閱傅東華文學手冊，頁一七九。
註二七：見文選樓叢書函九，焦循雕菰集，冊四，卷十，頁十五。
註二八：見謝无量實用文章義法，緒言，頁一。
註二九：見方孝岳中國散文論，頁五。

之散文，卽指不受句調聲律之拘束而散行以達意之文。

⑸就駢散文而言，對駢文之形式言，則稱散文；對駢文之精神言，則稱古文。

方孝岳中國散文概論云：「就內容方面講，古文運動之針對駢文而立義者，乃是以樸質代浮華，以確切恰當的文句代替那些敷衍熟爛泛埋藻典的陳言。本來我們對於任何事物，凡說到一個『古』字自然都帶了一種天眞樸質的意思。樸質而切當情理，卽是古文家的中心標準。韓愈曾提出他的正式主張，說『文從字順各識職，有欲求之此其躅。』文從字順卽是樸質，各識職卽是切當情理。總而言之，對駢文之形式而言則稱散文，對駢文之精神而言則稱古文。」（註三〇）方氏就駢散之形式與精神，闡明散文與古文之別。

理想之散文，則散中有駢，駢中有散，如數之有奇偶是也。莊子之散文，可謂當之無愧。如逍遙遊篇云：

故夫知效一官，行比一鄉，德合一君，而徵一國者，其自視也，亦若此矣。而宋榮子猶然笑之。且舉世而譽之而不加勸，舉世而非之而不加沮，定乎內外之分，辯乎榮辱之境，斯已矣。彼其於世，未數數然也。雖然，猶有未樹也。（頁十六至十七）

「知效一官，行比一鄉，德合一君」，與「舉世而譽之而不加勸，舉世而非之而不加沮」，以及「定乎內外之分，辯乎榮辱之境」，皆駢文之形式也。而「其自視也，亦若此矣」，「宋榮子猶然笑之」，「斯已矣」，「彼其於世，未數數然也。雖然，猶有未樹也」，皆散文之形式也。故此例句可謂「散中有駢，駢中有散」之文也。

至於莊子散文之特色有五：㈠具諸趣，㈡善描寫，㈢超情感，㈣富想像，㈤長論說。茲分別闡明之。

一、具諸趣

莊子生於天下沈濁，爲文不可與莊語，而以謬悠之說，荒唐之言，無端崖之辭，故其文具諸趣。如秋水篇云：

> 惠子相梁，莊子往見之。或謂惠子曰：「莊子來欲代子相。」於是惠子恐，於國中三日三夜。莊子往見之，曰：「南方有鳥，其名鵷鶵，子知之乎？夫鵷鶵，發於南海而飛於北海，非梧桐不止，非練實不食，非醴泉不飲。於是鴟得腐鼠，鵷鶵過之，仰而視之，曰：『嚇！』今子欲以子之梁國而嚇我邪？」（頁六〇五）

此藉莊子與惠子之言，喻梁相如腐鼠，惠子如鴟，莊子如鵷鶵也。夫卿相尊位，千金重利，惠子視若價值連城之珠寶，而莊子視之，猶敝屣腐鼠也。蓋惠施沈湎於榮華富貴，心戀國相，而莊子清淨，無心爭奪。噫！燕雀焉知鴻鵠之志哉？此文之詼趣，於設譬中隨之而生。又如則陽篇云：

> 惠子聞之而見戴晉人。戴晉人曰：「有所謂蝸者，君知之乎？」曰：「然。」「有國於蝸之左角者曰觸氏，有國於蝸之右角者曰蠻氏，時相與爭地而戰，伏尸數萬，逐北旬有五日而後反。」君曰：「噫！其虛言與？」曰：「臣請爲君實之。君以意在四方上下，有窮乎？」君曰：「無窮。」曰：

註三〇：見註二九，頁六。

「知遊心於無窮，而反在通達之國，若存若亡乎？」君曰：「然。」曰：「通達之中有魏，於魏中有梁，於梁中有王。王與蠻氏，有辯乎？」君曰：「无辯。」客出，而君惝然若有亡也。（頁八八九一至八八九三）

以蝸牛左右角喩觸蠻氏，暗寓戰國君主爭伐。

二、善描寫

莊子爲描寫之能手，其描寫對象可分下列數項：

(1)人事之描寫　莊子描寫人事，歷歷如繪，憬然赴目。如徐无鬼篇云：

莊子送葬，過惠子之墓，顧謂從者曰：「郢人堊漫其鼻端若蠅翼，使匠石斲之。匠石運斤成風，聽而斲之，盡堊而鼻不傷，郢人立不失容。宋元君聞之，召匠石曰：『嘗試爲寡人爲之。』匠石曰：『臣則嘗能斲之。雖然，臣之質死久矣。』自夫子之死也，吾无以爲質矣，吾无與言之矣。」（頁八四三）

此段描繪「知己之感」，自古及今，無人能及！觀其描繪堊漫其鼻端若蠅翼，描述匠石運斤成風，皆似實有其事者，故有文學之價值。

莊子描繪人物，尤其細膩，如人間世篇云：

支離疏者，頤隱於齊，肩高於頂，會撮指天，五管在上，兩髀爲脅。（頁一八〇）

此雖輕描淡寫，而醜人之態，淋漓盡致矣。又如盜跖篇云：

且跖之爲人也，心如涌泉，意如飄風，强足以距敵，辯足以飾非，順其心則喜，逆其心則怒，易辱

入以言。（頁九九一）

此描述盜跖之形像、心智，雖輕描幾筆，然其形像與心智因之而生，如在眼前。

⑵自然之描寫　莊子描述自然，辭趣華深，言多詭誕，縱橫變化。首觀天之描寫，如逍遙篇云：

天之蒼蒼，其正色邪？其遠而無所至極邪？（頁四）

案詩經言「彼蒼者天」，但述其色；論語言「惟天爲大」，僅述其量；而莊子則旣言色，又言量。於此可知，莊子描寫之高超，無人可及！

次觀風之描寫，如齊物論篇云：

夫大塊噫氣，其名爲風。是唯無作，作則萬竅怒呺。而獨不聞之翏翏乎？山林之畏佳，大木百圍之竅穴，似鼻，似口，似耳，似枅，似圈，似臼，似洼者，似汚者；激者，謞者，叱者，吸者，叫者，譹者，宎者，咬者，前者唱于而隨者唱喁。泠風則小和，飄風則大和，厲風濟則衆竅爲虛。而獨不見之調調，之刁刁乎？（頁四五至四六）

莊子描繪風之體態，可謂鞭辟入裏矣。

⑶動物之描寫　莊子描寫動物者多矣，玆舉其犖犖大者而言之。描寫鳥者，如逍遙遊篇云：

北冥有魚，其名爲鯤，……化而爲鳥，其名爲鵬，鵬之背，不知其幾千里也。怒而飛，其翼若垂天之雲。是鳥也，海運則將徙於南冥。……鵬之徙於南冥也，水擊三千里，摶扶搖而上者九萬里，去以六月息者也。……蜩與學鳩笑之曰：「我決起而飛，搶榆枋而止，時則不至而控於地而已矣，奚

以之九萬里而南爲？」（頁二至九）

鵬之大，學鳩、蜩之小，以及其性情、形象，由此可知矣！其他猶有養生主篇描述澤雉之安詳；秋水篇描繪鵷鶵之高潔，鴟之卑汚；至樂篇描述海鳥之侷促，山木篇描繪意怠之謹愼；莊子描寫以上之鳥，皆精細入微，其繪形繪聲，性情各異，宛若一幅顏色新鮮之百鳥圖（註三一）。莊子亦有描述馬，如馬蹄篇云：

夫馬，陸居則食草飲水，喜則交頸相靡，怒則分背相踶。（頁三三九）

此言馬之神態，則栩栩如生矣。

莊子又有描寫狙，如徐无鬼篇云：

吳王浮於江，登乎狙之山。衆狙見之，恂然棄而走，逃於深蓁。有一狙焉，委蛇攫搔，見巧乎王。王射之，敏給搏捷矢。（頁八四六）

此述狙之畏懼神情，與巧捷之體態，莊子可謂洞悉文藝心理學也。

莊子亦有描述猿，如山木篇云：

王獨不見夫騰猿乎？其得柟梓豫章也，攬蔓其枝而王長其閒，雖羿、逢蒙不能眄睨也。及其得柘棘枳枸之閒也，危行側視，振動悼慄。（頁六八八）

此描繪猿之巧捷、畏懼，憬然赴目。

莊子猶有描述狸狌、犛牛（見逍遙遊篇）、螳蜋（見人間世篇）、雞（見達生篇）……，舉不勝舉。

附加說明，莊子不止描寫動物，亦描述植物，玆舉一例，以明之。莊子描繪樹，與衆不同，如人間世篇云：

匠石之齊，至乎曲轅，見櫟社樹。其大蔽牛，絜之百圍，其高臨山十仞而後有枝，其可以爲舟者旁十數。（頁一七〇）

此言樹之高、大，與衆迥異。莊子之描寫技巧，亦與衆殊矣。

三、超情感

莊子之情感建築於理智之上，是以其人其文看似無情，其實乃無情之情，爲情感理智兼顧之至情，可謂超情感矣。誠如黃師錦鋐所云：

莊子是超感情的，超感情不是無情，也不是對某一個人的感情，而是對天地間的至情。他對天地之間各種物體，無論是有生命的，沒有生命的，都發生了感情，所以看似無情；其實是至情。（註三二）

文學家所具備之情感，非對人、對事、對物之偏狹情感，乃須具有自然界之至情。莊子雖有至情，然不濫發情感，蓋理智掩蓋情感之故也。如至樂篇云：

莊子妻死，惠子弔之，莊子則方箕踞鼓盆而歌。惠子曰：「與人居，長子老身，死不哭亦足，又鼓

註三一：參閱魯默生莊子文章之技術（宇宙旬刊，第四卷第一期，頁三十一至三十二）。

註三二：見黃師錦鋐莊子及其文學，頁六二。

盆歌，不亦甚乎！」莊子曰：「不然，是其始死也，我獨何能無概然！察其始而本無生，非徒無生也而本無形，非徒無形也而本無氣。雜乎芒芴之閒，變而有氣，氣變而有形，形變而有生，今又變而之死，是相與爲春秋冬夏四時行也。人且偃然寢於巨室，而我噭噭然隨而哭之，自以爲不通乎命，故止也。」（頁六一四）

莊子妻甫死，其哀也傷，此哀傷乃人之常情也。然而莊子忽悟人本無生，其生死猶如春夏秋冬之更迭，乃自然之現象。當是時也，其理智勝於情感，是以鼓盆而歌，蓋生死如一，生死之變易，乃自然之現象也。黃師錦鋐云：

按感情說，人死應該盡哀；按理智說，人死是自然現象，由生到死，由死到生，就像春夏秋冬，白天黑暗天理循環一樣，所以人死不値得大驚小怪，可以臨屍歌。（三三）

誠哉斯言也。莊子爲文，輒情感與理智合而爲一，姑命之曰超情感。如養生主篇云：

公文軒見右師而驚曰：「是何人也？惡乎介也？天與，其人與？」曰：「天也，非人也。天之生是使獨也，人之貌有與也。以是知其天也，非人也。」（頁一二四）

此似怪異之說，以介者爲刑所刖，而莊子則以爲天也，非人也。若明乎莊子天人合一（註三四），情感與理智如一，則不足爲奇，蓋情感與理智之調和所使然也。又如秋水篇云：

莊子與惠子遊於濠梁之上。莊子曰：「儵魚出游從容，是魚之樂也。」惠子曰：「子非魚，安知魚之樂？」莊子曰：「子非我，安知我不知魚之樂？」惠子曰：「我非子，固不知子矣！子固非魚也，子之不知魚之樂，全矣。」莊子曰：「請循其本。子曰『女安知魚樂』云者，既已知吾知之而問我，我知之濠上也。」（頁六〇六至六〇七）

莊子知「魚之樂」，此情注之於物，近世美學家所謂移情作用。「請循其本」，則屬於理智。抒發情感若以理智調和之，其情乃眞。莊子本可無言，惠子亦可無問，故李太白詩云：「問余何事棲碧山，笑而不答心自閒。」莊子之所以有此議論，蓋至言無所託，無以破除後世物我分離之偏見。後世文學家或「情注於物」，或「情發於我」，然此二者各有所長，莊子則兼而有之。（註三五）

四、富想像

凡以昔疇之記憶與如今之經驗爲基石，而描述胸中可能有之他種事物，謂之想像。想像有三種過程：一爲對昔日觀念之再現，二爲將再現分爲各種要素，三爲將分析之要素加以綜合。文齊斯德（C. T. Winchester）將想像分爲三種：⑴創作之想像，此由經驗而創新之作用；⑵聯想之想像，此以事物之觀念或情緒與情緒上類似於此之心像相聯之結果；⑶解釋之想像，此以精神之價値、意義、性質，闡明事物之意義。（註三六）

註三三：見註三二，頁六十五。

註三四：莊子齊物論篇云：「天地與我並生，而萬物與我爲一。」此天人合一之明證也。

註三五：參閱註三二，頁六十六。

註三六：參閱孫俍工文藝辭典，頁七五八至七五八。

莊子之散文，多爲寓言，寓言則必出於想像，然莊子之想像，必合乎科學之推理，如逍遙遊篇云：

天之蒼蒼，其正色邪？其遠而無所至極邪？其視下也，亦若是則已矣。（頁四）

此自地球觀天空，於天空視地球，其視一也，於往日科學不昌明之時代，則全來自想像，然以今日科學證之，則莊子所云「其視下也，亦若是則已矣」，誠屬合乎科學之結論。又如齊物論篇云：

其發若機栝，其司是非之謂也；其留如詛盟，其守勝之謂也。（頁五十一）

莊子描述辯者之狀態，能立能破，能破者「發若機栝」，能立者「留如詛盟」，此能立能破合乎辯論之理則，亦合乎科學之想像。

就宇宙萬物之產生而言，莊子之論既屬卓見，亦合乎科學之想像。如秋水篇云：

物之生也，若驟若馳，无動而不變，无時而不移。何爲乎，何不爲乎？夫固將自化。（頁五八五）

此言宇宙之變動，頗合乎科學之理論，此亦可謂合乎科學之想像矣。（註三七）

五、長論說

莊子之散文，純論說者似鮮矣，然其爲文之法，多藉外論之，是以論說多矣。黃師錦鋐云：

莊子全書幾乎全是在說理，因爲莊子主張去智、忘言，所以他所說的理，都是含蓄的、隱藏的，他常常提出「未始有物」、「物之初」等名詞，齊物論說：「古代的人，知識到了登峰造極的程度。」怎麼到登峰造極的程度，那就是「未始有物」。一提到「未始有物」，則天大的理，都盡在不言中了。（註三八）

洵哉斯言。論說乃莊子之特點，蓋義理寓之焉。如齊物論篇云：

> 今且有言於此，不知其與是類乎？其與是不類乎？類與不類，相與爲類，則與彼无以異矣。雖然，請嘗言之。有始也者，有未始有始也者，有未始有夫未始有始也者。有有也者，有无也者，有未始有无也者，有未始有夫未始有无也者。俄而有无矣，而未知有无之果孰有孰无也。今我則已有謂矣，而未知吾所謂之其果有謂乎，其果无謂乎？天下莫大於秋豪之末，而大山爲小；莫壽乎殤子，而彭祖爲夭。天地與我並生，而萬物與我爲一。既已爲一矣，且得有言乎？既已謂之一矣，且得无言乎？一與言爲二，二與一爲三。自此以往，巧歷不能得，而況其凡乎！故自无適有以至於三，而況自有適有乎！无適焉，因是已。（頁七十九）

此莊子主張物我不分，萬物一體，若有區別，乃庸人自擾之，徒勞神明而已。其實，宇宙之本源乃「道通爲一」，故莊子以爲「无適焉，因是已。」又如大宗師篇云：

> 死生，命也，其有夜旦之常，天也。人之有所不得與，皆物之情也。（頁二四一）

此莊子主張死生如一之說也。人之生死，猶晝夜之更迭，乃自然之現象也。至樂篇莊子鼓盆而歌一段，言人之生死如一年四季之變易，其論說尤爲詳盡，前已引述，不再贅及。

註三七：以上參閱註三二，頁六十七。

註三八：見同註二〇。

戊、小　說

「小說」一詞，最早見於莊子外物篇，其言曰：

飾小說以干縣令，其於大達亦遠矣。（頁九二五）

其次，見於荀子正名篇，其文云：

故知者論道而已矣，小家珍說之所願皆衰矣。（註三九）

荀子所謂「小家珍說」，其意義與莊子所謂之「小說」相同，而其內容則雜記瑣屑之言，與後世所謂小說者不同。洎乎東漢班固漢書藝文志，列小說於諸子十家之林，小說始成爲一固定名詞矣。桓譚曰：

若其小說家合殘叢小語，近取譬論，以作短書，治身理家，有可觀之辭。（註四〇）

此與今之小說近似。小說本爲不足道也，迨東漢後，始爲人所重，故王安石曰：

小說無所不讀，然後能知大體。（註四一）

由此可知，小說於文學上之地位，日漸提升。

小說比散文後出，蓋散文至流暢階段，始孕育小說。莊子中之小說，雖非今之小說，然其內容已構成小說之條件——人物、時間、地點、情節。就其形式而言，已具備「小小說」或「短篇小說」之形態。茲闡釋如下：

小說亦有對話，而莊子書中運用對話者衆矣，而曲折有趣者亦不尠。如秋水篇云：

莊子釣於濮水，楚王使大夫二人往先焉，曰：

「願以竟內累矣！」

莊子持竿不顧，曰：

「吾聞楚有神龜，死已三千歲矣，王巾笥而藏之廟堂之上。此龜者，寧其死爲留骨而貴乎？寧其生而曳尾於塗中乎？」

二大夫曰：「寧生而曳尾塗中。」

莊子曰：「往矣！吾將曳尾於塗中。」（頁六〇三至六〇四）

小說亦有描寫細膩，而詞藻須生動者，而莊子書中亦有之。如逍遙遊篇云：

惠子謂莊子曰：「吾有大樹，人謂之樗。其大本擁腫而不中繩墨，其小枝卷曲而不中規矩，立之塗，匠者不顧。今子之言，大而無用，衆所同去也。」

莊子曰：「子獨不見狸狌乎？卑身而伏，以候敖者；東西跳梁，不辟高下；中於機辟，死於罔罟。今夫斄牛，其大若垂天之雲。此能爲大矣，而不能執鼠。今子有大樹，患其无用，何不樹之於无何有之鄉，廣莫之野，彷徨乎无爲其側，逍遙乎寢臥其下。不夭斤斧，物无害者，无所可用，安所困

註三九：見荀子集解（荀況著，王先謙集解），頁六九六。

註四〇：語見李善注文選卷三十一引新論，頁四五三。

註四一：見李師曰剛中國文學史，第六編小說，頁一五〇引。

苦哉！」（頁三九至四十）

此描述狸狌之「卑身而伏，以侯敖者，東西跳梁」，可謂淋漓盡致矣。又如達生篇云：

東野稷以御見莊公，進退中繩，左右旋中規。莊公以爲文弗過也，使之鉤百而反。顏闔遇之，入見曰：「稷之馬將敗。」

公密而不應。

少焉，果敗而反。

公曰：「子何以知之？」

曰：「其馬力竭矣，而猶求焉，故曰敗。」（頁六六〇至六六一）

此描繪東野稷騎術精湛，進退中繩，左右中規，可謂神乎其技，然而不知馬也。莊公聞顏闔之言，密而不應，神態悠然，躍然紙上。又如山木篇云：

莊子行於山中，見大木，枝葉盛茂，伐木者止其旁而不取也。問其故，曰：「无所可用。」

莊子曰：「此木以不材得終其天年。」

夫子出於山，舍於故人之家。故人喜，命豎子殺雁而烹之。豎子請曰：「其一能鳴，其一不能鳴，請奚殺？」

主人曰：「殺不能鳴者。」

明日，弟子問於莊子曰：「昨日山中之木，以不材得其天年；今主人之雁，以不材死；先生將何處？」

莊子笑曰：「周將處夫材與不材之間。材與不材之間，似之而非也，故未免乎累。……」（頁六六七至六六八）

此描述繪影繪聲，歷歷如目，頗爲活潑，而寓意尤深。又如讓王篇云：

子列子窮，容貌有飢色。客有言之於鄭子陽者曰：「列禦寇，蓋有道之士也，居君之國而窮，君无乃爲不好士乎？」

鄭子陽即令官遺之粟。

子列子見使者，再拜而辭。使者去，子列子入，其妻望之而拊心曰：「妾聞爲有道者之妻子，皆得佚樂，今有飢色。君過而遺先生食，先生不受，豈不命邪！」

子列子笑謂之曰：「君非自知我也。以人之言而遺我粟，至其罪我也；又且以人之言，此吾所以不受也。」

其卒，民果作難而殺子陽。（頁九七二至九七三）

此描述列子未仕，又婉拒贈米，而其妾因飢餓而抱怨之。此情節與今之小說，有何異哉？

莊子書中又有精采之短篇小說雛型，如山木篇云：

陽子之宋，宿於逆旅。逆旅人有妾二人：其一人美，其一人惡，惡者貴而美者賤。陽子問其故，逆旅小子對曰：「其美者自美，吾不知其美也；其惡者自惡，吾不知其惡也。」陽子曰：「弟子記之！行賢而去自賢之行，安往而不愛哉！」（頁六九九至七〇〇）

此言美女因驕傲懶惰，而爲人所棄，醜女因和順溫柔，而爲人所重。此情節之生動，與强烈對比之描述，可謂小說之佳作矣。

小說亦有虛構故事者，而莊子書中之虛構故事甚多，前已詳述，今再擧二例，以闡述之。如逍遙遊篇云：

宋人有善爲不龜手之藥者，世世以洴澼絖爲事。客聞之，請買其方百。聚族而謀曰：「我世世爲洴澼絖，不過數金；今一朝而鬻技百金，請與之。」客得之以說吳王。越有難，吳王使之將，冬與越人水戰，大敗越人，裂地而封之。能不龜手，一也；或以封，或不免於洴澼絖，則所用之異也。（頁三十七）

此莊子虛構宋人有不龜手藥之故事，以明其用異也。又如山木篇云：

方舟而濟於河，有虛船來觸舟，雖有惼心之人不怒；有一人在其上，則呼張歙之；一呼而不聞，再呼而不聞，於是三呼邪，則必以惡聲隨之。向也不怒而今也怒，向也虛而今也實。人能虛己以游世，其孰能害之！（頁六七五）

此藉方舟濟河故事，以闡釋虛己處世，無不逍遙也。

莊子書中亦有諷刺小說之雛型，如列禦寇篇云：

宋人有曹商者，爲宋王使秦。其往也，得車數乘；王說之，益車百乘。反於宋，見莊子曰：「夫處窮閭阨巷，困窘織屨，槁項黃馘者，商之所短也；一悟萬乘之主而從車百乘者，商之所長也。」莊子曰：「秦王有病召醫，破癰潰痤者得車一乘，舐痔者得車五乘，所治愈下，得車愈多。子豈治其痔邪，何得車之多也？子行矣！」（頁一〇四九至一〇五〇）

此借曹商見莊子矜夸受辱，以舐痔得車爲喻，暗寓曹商卑躬屈膝以干祿。莊子書中諷刺之故事綦多，如秋水篇「井底之蛙」與「望洋興嘆」之故事，乃譏笑小智與自滿；至樂篇「莊子之楚，見空髑髏」一段，則諷喻當時社會之暴虐政治；外物篇「枯魚之肆」，則暗寓封建執政者僞裝慷慨之官僚作風。諷刺故事甚多，不勝臚列。

第二節　莊子架構之探究

甲、內外雜篇之概述

一、內外雜篇之形成

唐陸德明經典釋文敍錄載莊子注釋中，可考其經本之變遷者有五：

(1)司馬彪注本

凡二十一卷，五十二篇，包括內篇、外篇二十八、雜篇十四、解說三、又附爲音三卷。今亡。釋文謂解說三，蔣伯潛諸子通考云：「似司馬彪之注本別爲三卷，則五十二篇中，莊子本文僅四十九篇也。原書已亡，無從考定。」（註一）又張成秋莊子篇目考云：「解說乃指淮南王莊子略要莊子后解等論莊子之文，編入五十二篇莊子書中。」（註二）

(2)孟氏注本

孟氏不知何許人也，據梁志（隋志引）云，孟氏注十八卷，錄一卷，隋唐以後不錄，釋文亦絕不引之，則其佚已久，陸氏當不及見矣。然釋文敍錄云：「漢書藝文志莊子五十二篇，卽司馬彪孟氏所注是也。」則其經本，當與司馬彪本同。呂氏春秋必己篇注云：「莊子名周，宋之蒙人，……著書

五十二篇，名之曰莊子。」自漢至晉之莊子，皆爲五十二篇本，似皆由內篇七、外篇二十八、雜篇十四、解說三所組成。（註三）

⑶崔譔注本

凡十卷，二十七篇，包括內篇七、外篇二十，缺雜篇及解說，今亡。此本較漢志少二十五篇，較今本少六篇。隋志無之，而見於新舊唐志，殆隋志失錄歟？抑佚於唐而又復出歟？唐志以後，不見著錄。（註四）

⑷向秀注本

凡二十卷，二十六篇，一作二十七篇，一作二十八篇，亦無雜篇，又附爲音三卷；今佚。世說新語文學篇劉孝標注云：「秀遊託數賢，蕭屑卒歲，都無注述，唯好莊子，聊應崔譔所注，以備遺忘云。」（註五）見向本本於崔本甚明。又世說新語文學篇云：「向秀於舊注外爲解義，妙析奇致，大暢

註一：見諸子通考，下編諸子著述考，頁四〇一。
註二：見莊子書目考，第一章，頁八。
註三：見江俠菴編譯先秦經籍考，中冊，莊子考（武內義雄著），頁三一九至三三〇。
註四：參閱註二，頁九。
註五：見世說新語注，頁四九。

玄風，唯秋水、至樂二篇未竟，而秀卒。」（註六）此向秀注本根據崔譔注本，於其所未明者，而加以發揮焉。疑作二十八篇者爲足本，作二十七篇者，或爲除敘目一篇，作二十六者或爲除未竟之秋水、至樂二篇也。崔本之亡，殆因向注行而崔注廢歟？（註七）

(5)郭象注本

凡三十三卷，三十三篇。計內篇七，外篇十五，雜篇十一，並附爲音一卷。今存，惟今本改作十卷。此本隋志作三十卷，目一卷；兩唐志作十卷；日本現在書目錄仍作三十三卷。今存莊子卽此本。但檢其注，讓王篇、盜跖篇，僅各三條，漁父篇僅一條，說劍篇完全無注。此七條之注，亦與他篇注例不同。豈此四篇之郭象原注已佚，此七條乃後人所補歟？又司馬彪、崔譔、向秀、郭象，確皆西晉人。孟氏列於四人之間，度亦晉人。（註八）

綜上所擧，玆列表以明之：

代號	注本名稱	卷數	篇數	內篇	外篇	雜篇	解說	爲音	敘目
ㄅ	司馬彪注本	二一	五二	七	二八	一四	三	三	
ㄆ	孟氏注本	一八	五二	七	二八	一四	三		
ㄇ	崔譔注本	一〇	二七	七	二〇				
ㄈ	向秀注本	二〇	二六（或二七、二八）	七	一八、二〇			三	一（？）
ㄉ	郭象注本	三三	三三	七	一五	一一		一	

右五種經本之中，ㄅㄆ兩本爲一類，皆爲五十二篇，乃從漢以來之舊式本。ㄇㄈ兩本爲一類，乃晉代之刪定本。ㄉ本爲一類，乃就ㄅㄆ本而參酌ㄇㄈ本之新定本。如今ㄅㄆㄇㄈ四本均已亡佚，不可復覩，所存者惟ㄉ本，即郭象注本是也。

二、內外雜篇之區分

莊子內外雜篇之分，或曰不知訂自何人，或曰訂自劉向，或曰訂自郭象。不知訂自何人，亦不敢斷定出自莊子，主此說者，馬其昶也。馬氏莊子故序目云：

釋文稱內篇衆家並同，自餘或有外無雜，余謂外雜二篇，皆以闡內七篇之義，其分篇次第，果出自莊生以否，殆不可考。其間皆不無羼益，以其傳久，故一仍之。（註九）

或曰訂自劉向，主此說者，唐蘭也。唐氏老聃的姓名和時代考云：

內篇和外篇、雜篇的分別，是從那裏來的呢？我以爲這分別是起於劉向刪除複重的時候。（註一〇）

或曰訂自郭象，主此說者，林師景伊也。林師中國學術思想大綱云：

註六：見同註五。

註七：此說見註一，頁四〇二。

註八：此說見同註七。

註九：見侯官嚴氏評點莊子冊一，莊子故序目，頁三。

註一〇：見古史辨冊四，頁三四二。

漢書藝文志，道家有莊子五十二篇，今所存者三十三篇，共分內篇七，外篇十五，雜篇十一，蓋郭象之所訂也。（註一一）

以上三說，以林師之說爲是，蓋今本莊子，依據郭象注本，則謂郭氏爲莊子內外雜篇之區分，爲最終之考訂，亦合情合理。

至於內外雜篇之分篇標準，一曰毫無標準，隨意升降，主此說者，有葉國慶莊子研究、王叔岷莊子校釋；二曰內篇爲莊子之卓見，外雜爲周秦道家學者所作雜文，外雜之分，又以文義及章法爲準，主此說者，有林雲銘莊子因、顧頡剛古史辨第一冊；三曰內篇係先編成，外雜篇爲以後分次編纂者，主此說者，有蔣伯潛諸子通考；四曰內篇言內聖，外篇言外王，雜篇雜言內聖外王之道，主此說者，王樹枏也。（註一二）

以上諸說，以第二、三說比較合理，但有待補充，武內義雄之說可補其不足。武內義雄莊子考云：

今本莊子，爲郭象所定，其外雜篇之區分，與崔向本異，由是則莊子原本之區分不可明。遍檢周秦漢初之書，區別內外篇者頗多：如淮南子分爲內二十一篇，外三十三篇，是其一例。淮南外書，今雖不傳，據漢書顏師古注，謂內篇論道，外篇爲雜說，則前者是其主要著作，而後者是輯其種種雜著。孟子十一篇，內書七篇，外書四篇，是其二例。趙岐題辭，於外書四篇，謂「其文不能弘深，似非孟子本眞，後世依放而託之者也。」蓋謂七篇爲孟子本眞，而外書四篇，爲後人所依託者。

晏子春秋分內外篇，是其三例。劉向敍錄，謂其外篇，乃輯其與內爲重複之異文。

由是推之，莊子內外雜篇之區別，略可想像。蓋內篇乃編莊周近古之資料，莊周學說，當略盡於此。外篇當是含有莊周後學，及關係於莊子其他學派之著作，其說有祖述內篇，又有與內篇矛盾者，而其文，有與內篇重複者，而雜篇據筦子內言、外言、雜言之區別，及晏子春秋雜篇之例而推測之，當是雜取短章逸事成篇者。（註一三）

三、內外雜篇之比較

內外雜篇之不同，先就名篇而言，內篇之篇名皆有意義，而外雜篇則多無意義。故蔣伯潛諸子通考云：

> 內篇皆有義之題，外雜篇則幾全爲無義之題（取首句二三字以名篇者，如駢拇——「駢拇技指出乎性哉」……；其爲有義之題，可以包擧全篇者，僅說劍漁父而已）（註一四）

內篇名篇，各有深意，外雜篇則取篇首數字名之。故褚伯秀云：

> 內篇命題，本於漆園，各有深意，外雜篇則爲郭象所刪修，但摘篇首字名之，而大義亦存焉。（註

註一一：見中國學術思想大綱，頁五十三。
註一二：參閱註二，頁二十四至二十六。
註一三：見註三，頁三四七至三四八。
註一四：見註一，頁四〇〇。

一五）

次就文勢而言，「內篇雖參差旁引，而意皆連屬，外篇則踳駁而不續。內篇雖洋溢無方，而指歸則約；外篇則言窮意盡，徒爲繁說，而神理不鷙。內篇雖極意形容，而自說自掃，無所粘滯；外篇則固執粗說，能死而不能活。」（註一六）再就引文而言，外雜篇皆引有老子道德經之文，而內篇則無。就內容而言，則「內篇明於理本，外篇語其事迹，雜篇雜明於理事。內篇雖明理本，不无事迹；外篇雖明事迹，甚有妙理；但立教分篇，據多論耳。」（註一七）

乙、思想體系之探賾

若就思想觀之，則莊子內外雜篇亦有顯而易見之不同。林師景伊云：

內篇者，莊子學說之綱領，外篇充其不足之意，雜篇其雜記也。（註一八）

顧頡剛亦云：

莊子之學，就內篇上觀察，他是統大小，忘生死，齊是非，不別物我，不知得失，隨變任化而無所容心的。所以他在人間世篇中託了顏淵的話說道：「內直者與天爲徒，外曲者與人爲徒，成而上比者與古爲徒。」下面就借了仲尼的話來破他道：「雖固亦無罪，夫胡可以及化，猶師心者也！」可見他是要一切無所用心的。但是外雜篇中就有許多是提倡復古的，攻擊孔子的，引伸老子的，執住的意味很重，作者的意思正要與天、與人、與古爲徒。（固然裏邊的話也有許多酷似內篇的，但這原是他們所以附在內篇之後的理由。）這似乎是道家已成立，要和儒家分庭抗禮時的出品。後來的道教中有老子化胡經，說釋迦是老子的徒弟；莊子外雜篇中再三說孔子好道，向老子及其他道家討教，受盡他們的教誨和申斥，恐怕這些篇章竟是那時人心目中的『老子化儒經』呢？這些事情，哪裏是做逍遙、齊物的莊子所願意做的！所以我對於蘇軾疑盜跖等篇的話也表一部分的同情，爲的是裏邊都駡孔子。但我的觀點與蘇軾的不同之處，他是說莊子不該駡孔子，我是說莊子不屑駡孔子，也想不到駡孔子，駡孔子是後來道家對付儒家的事情。（註一九）

若就內篇言之，則莊子思想體系乃一貫而完整，如褚伯秀所云：

內篇之奧，窮神極化，道貫天人，隱然法度，森嚴與易老相上下，始於逍遙遊，終於應帝王者，學道之要，在反求諸己，無適非樂，然後外觀萬物，理無不齊。物齊而已可忘，已忘而養生之主得矣！養生所以善己，應世所以善物，皆在德以充之，充則萬符契宗之爲師，大宗師之本立矣！措諸治道也何難？內則爲聖爲神，外則應帝應王。斯道之所以斂之一身，不爲有餘，散之天下，不爲不足也。

註一五：見焦竑莊子翼，頁八十九引。
註一六：見莊子集成初編冊十九，王夫之莊子解，頁一九五。
註一七：見郭慶藩莊子集釋，成玄英莊子序，頁七。
註一八：見同註一一。
註一九：見註一〇，冊一，頁二八五至二八六。

（註二〇）

林雲銘亦云：

逍遙遊言人心多拙於小成，而貴於大；齊物論言人心多泥於己見，而貴於虛；養生主言人心多役於外應，而貴於順；人間世則入世之法，德充符則出世之法，大宗師則內而可聖，應帝王則外而可王。此七篇分著之義也。然人心惟大故能虛，惟虛故能順，入世而後出世，內聖而後外王，此又內七篇相同之理也。（註二一）

清周金然亦云：

內七篇由曠觀而後忘賓，忘賓而後得主，得主而後冥世，冥世而後形眞，形眞而後見宗，見宗而後化成，節合珠聯，七篇猶是一篇。（註二二）

郎擎霄亦云：

七篇之文，分之則篇明一義，合之則首尾相承：前建逍遙，神遊方外，若全書之總綱；次申齊物，理絕名言，爲立論之前驅；或明養生之道，或論涉世之方，或著至德之符。其體維何，以大道爲宗師；其用維何，以帝王爲格致。自餘諸篇，反覆以明，校其細鉅，咸有可述。執此數者，以權玄言，名理湛深，繁衍奧博，可驗之几案之下矣。（註二三）

胡遠濬亦云：

獨內七篇，顯有次弟，詞無枝葉，爲莊子自訂，晚作無疑。山谷謂其法度甚嚴，知言哉！如始於逍逍遙，終於應帝王。天下篇所謂內聖外王也。齊物論，破執道者之傲物。養生主，砭近名者之傷生。人間世，哀忤世者之趨禍，皆感時憫俗之談。德充符，則明君子求其在我，內本外末，聖王一致，正己而物正，故老子曰：「常德不離。」仲尼曰：「克己復禮，天下歸仁」。又曰：「致中和，天地位，萬物育」，然聖之所以逍遙自在，帝王之所以因應無方，豈非以其明於天人之故，通之爲一耶？故大宗師歸宿於知命，上以承篇之始，而下起篇之終云。（註二四）

綜上所擧，莊子內七篇之思想體系，可謂完整而一貫矣。莊子內七篇之思想體系，以張成秋論述較爲詳備，茲列其所繪莊子內七篇思想系統圖，並附說明於後：（註二五）

註二〇：見註一五，頁八十四引。
註二一：見莊子因莊子總論，頁十七。
註二二：見郎擎霄莊子學案，第二章，頁二十三引。
註二三：見註二二，頁二十一至二十二。
註二四：見莊子銓詁序目，頁三至四。
註二五：以下見註二，頁三三至三四。

莊子內七篇思想系統圖

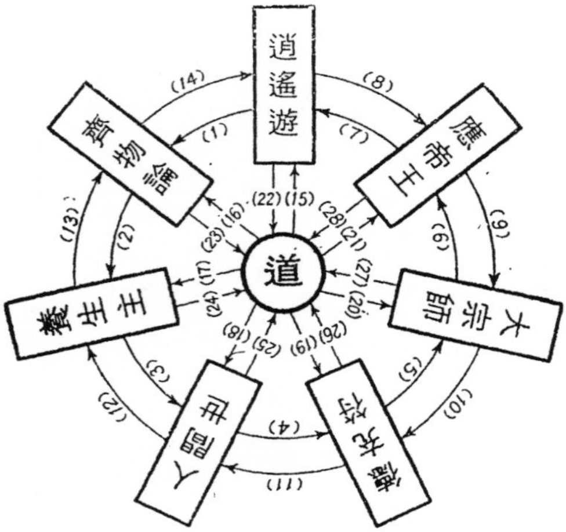

【說　明】

㈠內七篇爲莊學之中心，而內七篇之本身，又以道爲中心。

㈡道爲宇宙萬有形成之原因，亦其存在變化之主宰；故吾人一切作爲，皆應以道爲本。

㈢內七篇要旨

逍遙遊求精神之絕對自由，爲最高理想；齊物論主萬物玄同，偏於知識論，爲思想基礎；養生主注重形骸賴以存在之精神，爲個人修養；人間世倡無心應物，爲處世之道；德充符言道德內充，應物於外，爲修道之效；大宗師言得道之眞人，與造物者遊，忘懷生死；應帝王以「無心應道，順乎自然」之理，施之政治，以導民於全性逍遙，爲政治論。

(四)內七篇之關係，反時針方向：

(1)逍遙遊與齊物論——與道逍遙，不知物論。

(2)齊物論與養生主——物論既齊，不搖生主。

(3)養生主與人間世——生主既全，可應萬變。

(4)人間世與德充符——無心應物，德充乎內。

(5)德充符與大宗師——道德內充，外乎生死。

(6)大宗師與應帝王——眞人爲政，任乎自然。

(7)應帝王與逍遙遊——無爲之政，上下逍遙。

順時針方向：

(8)逍遙遊與應帝王——無拘無束，純任自然。

(9)應帝王與大宗師——自然無爲，是爲眞人。

(10)大宗師與德充符——與道同遊，德充之驗。

(11)德充符與人間世——至德內充，應物無窮。

⑿人間世與養生主——心齋坐忘，以全生主。

⒀養生主與齊物論——生主得養，物論自泯。

⒁齊物論與逍遙遊——擺脫物論，則入逍遙。

㈤內七篇與道之關係，由內而外：

⒂道與逍遙遊——與道同遊，是爲逍遙。

⒃道與齊物論——道視萬物，齊一無別。

⒄道與養生主——道合生主，超脫死生。

⒅道與人間世——虛靜抱道，以處人世。

⒆道與德充符——道在於人，即爲德充。

⒇道與大宗師——師法天道，爲大宗師。

(21)道與應帝王——大道之行，任乎自然。

由外而內：

(22)逍遙遊與道——逍遙自由，乃合於道。

(23)齊物論與道——泯除物論，即反於道。

(24)養生主與道——修養生主，以合於道。

(25)人間世與道——雖處世俗，心通至道。

(26)德充符與道——道德內充，冥合眞宰。

(27)大宗師與道——眞人順天，契合大道。

(28)應帝王與道——無爲之政，合於至道。

莊子內七篇之思想體系一貫而完整，而其外雜篇多衍內篇之義，故外雜篇可與內篇互相參證者，如明陸長庚南華眞經副墨云：

此篇（指山木篇）所論全身免患之道，最爲詳悉，正好與內篇人間世參看，其要只在虛己順時，而去其自賢之心。（註二六）

又云：

此篇（田子方篇）多有精密之語，正好與內篇大宗師參看。（註二七）

又如清林雲銘莊子因云：

外篇雜篇，義名分屬，而理亦互寄，如駢拇、馬蹄、胠篋、在宥、天地、天道，皆因應帝王而及之。天運，則由德充符而及之。秋水，則因齊物論而及之。至樂、田子方、知北遊，則因大宗師而及之。惟逍遙遊之旨，則散見於諸篇之中，外篇之義如此。庚桑楚，則德充符之旨，而大宗師、應帝王之

註二六：見南華眞經副墨，頁六八五。

註二七：見註二十六，頁七一九。

理寄焉。徐无鬼，則逍遙遊之旨，而人間世、應帝王、大宗師之理寄焉。則陽，亦德充符之旨，而齊物論、大宗師之理寄焉。外物，則養生主之旨，而逍遙遊之理寄焉。寓言、列禦寇總屬一篇，爲全書收束，而內七篇之理均寄焉，雜篇之義如此。（註二八）

清周金然南華經傳釋云：

諦閱南華，則自經自傳，不自秘也，而千載無人覷破。蓋其意盡於內七篇，至外篇雜篇，無非引申內七篇，惟末篇自序耳。……因內篇爲經，餘篇析爲：

逍遙遊第一　秋水、馬蹄、山木。
齊物論第二　徐无鬼、則陽、外物。
養生主第三　刻意、繕性、至樂、達生、讓王。
人間世第四　庚桑楚、漁父。
德充符第五　駢拇、列禦寇。
大宗師第六　田子方、盜跖、天道、天運、知北遊。
應帝王第七　胠篋、說劍、在宥、天地。（註二九）

清王夫之莊子解云：

天地篇暢言無爲之旨，有與應帝王篇相發明者。秋水篇因逍遙遊齊物論而衍之。山木篇引人間世之旨，而雜引以明之。（註三〇）

劉咸炘謂達生申養生主，山木申人間世，知北遊申齊物論，標不言之教，秋水首尾成齊物之旨。（註三一）

胡遠濬莊子詮詁序目云：

今細玩物外雜諸篇中，因皆多發明內篇旨趣，如庚桑楚，逍遙遊也；秋水、則陽，齊物論也；達生、列禦寇，養生主也；山木、外物，人間世也；田子方，德充符也；至樂，大宗師也；在宥、天地、天道，應帝王也。至天運、知北遊，明道法自然；徐无鬼，明上德不德，固皆推闡老子之說，然實即分釋齊物論，所謂道不知其然，與夫寓諸庸諸得而已之義也。其餘，駢拇、馬蹄、胠篋，皆痛言治人者不適之患。刻意、繕性，則歸重於存身養神，所謂正己是也，德充符類歟？蓋無一非內篇之意蘊也。（註三二）

又錢基博莊子卷頭解題記云：

莊書以逍遙遊、齊物論二篇爲綱領，養生主、人間世、德充符、駢拇、馬蹄、胠篋、在宥、天運、

註二八：見註二一，頁十八至十九。
註二九：見註二二，頁二十二至二十四引。
註三〇：見註一六，頁二五九、三四五、四一九。
註三一：見註二三，頁二十四至二十五引。
註三二：見註二四，頁三。

刻意、繕性、至樂、達生、山木、田子方、外物、讓王、盜跖、漁父、列禦寇等十九篇，言逍遙遊也。大宗師、應帝王、天地、天道、秋水、知北遊、庚桑楚、徐无鬼、則陽、寓言、說劍等十一篇，言齊物論也。二組共三十二篇，天下爲敍錄不計。（註三三）

綜而觀之，內外雜篇之互證，可知內篇自成思想體系，而外雜篇或多或少與內篇皆有關聯，雖外雜篇摻雜老學及莊學派後世之思想，然並非外雜篇與內篇毫無關係。又有以逍遙遊與其他三十二篇之關係而加以析論，如陳師品卿莊學研究第一章逍遙遊與各篇關係之探究是也。茲據以上各說，加以整理、歸納，列表如次：（註三四）

篇名＼相關內篇主張＼何人	陸長庚	林雲銘	周金然	王夫之	劉咸炘	胡遠濬	錢基博	陳品卿
齊物論								逍
養生主							逍	逍
人間世							逍	逍
德充符							逍	逍
大宗師								逍

駢拇		應	德			德	逍	逍
馬蹄		應	逍			德	逍	逍
胠篋		應	應			德	逍	逍
在宥		應	應			應	逍	逍
天地		應	應	應		應	齊	逍
天道		應	大		應	應	齊	逍
天運		德	大			齊	逍	逍
刻意		逍	養	養 大		德	逍	逍
繕性		逍	養			德	逍	逍
秋水		齊	逍	逍 齊	齊	齊	逍	逍
至樂		大	養			大	逍	逍
達生		逍	養	養 大	養	養	逍	逍
山木	人	逍	逍	人	人	人	逍	逍
田子方	大	大	大			德	逍	逍

註三三：見註二，頁三十七引。

註三四：此表參閱同註二，頁三十七至四〇。

知北遊		大	大	大	齊	齊	逍	逍
庚桑楚		德（大應）	人			逍	齊	逍
徐无鬼		逍（人應大）	齊			齊	齊	逍
則陽		德（齊大）	齊			齊	齊	逍
外物		養（逍）、	齊			人	逍	逍
寓言		七					齊	逍
讓王			齊				逍	逍
盜跖			大				逍	逍
說劍			應				齊	逍
漁父			人				逍	逍
列禦寇		七	德			養	逍	逍
天下								逍

【附　註】

逍，表逍遙遊篇；齊，表齊物論篇，……其餘類推。七，表內七篇全部。

綜上所述，則莊子外雜篇雖異於內篇，然多與內篇互相發明，故方文通書郭象註莊子後云：

莊子外雜篇皆宗老子之旨，發揮內七篇，而內七篇之要，括於逍遙遊一篇，逍遙遊篇形容大體大用，而括於至人無己一句。（註三五）

又王夫之莊子解亦云：

外篇非莊子之書，蓋爲莊子之學者欲引申之，……外篇則但爲老子作訓詁，而不能探化理於玄微，故其可與內篇相發明者，十之二三，而淺薄虛囂之說，雜出而厭觀，蓋非出一人之手，乃學莊者雜輯以成書。（註三六）

又云：

雜篇言，雖不純而微至之語，較能發內篇未發之旨，蓋內篇皆解悟之餘，暢發其博大輕微之致，而所從入者未之及，則學莊子之學者，必於雜篇取其精蘊，誠內篇之歸趣也。（註三七）

莊書是否皆宗老子之旨，爲另一問題，而書中外雜篇則多與內篇互相發明，是以方、王二氏之說，良有以也。

註三五：見莊子集成續編册三十六，方文通南華經解，卷首，頁三。

註三六：見註一六，頁一九五至一九六。

註三七：見註一六，頁四九五。

丙、篇章結構之表析

莊子全書之篇章結構，可分爲四種：第一種又分爲兩類：甲類爲先總論，次分論，無結論者，如逍遙遊篇、齊物論篇、養生主篇、大宗師篇、秋水篇、至樂篇、達生篇是也；乙類爲先分論，次結論，無總論者，如人間世篇、德充符篇、應帝王篇是也。實則甲類之總論與乙類之結論，其性質一也，皆揭示全篇之主旨，於前於後，毫無關係。總論於前，則已包含結論矣；結論於後，則已包含總論矣。然則甲類之作品，與後世文章之組織法迥異。後世文章之組織法：所謂總論，獨引論或導言之性質耳；至於分論，始爲文章內容之重心。而莊子此類文章，其重心在總論；總論已有完整之理論，至於分論，不過具體之例證，以分證總論中之重要論點耳。第二種僅有分論，而無總論與結論，每段各自成篇，意義不相連屬，似雜記體者，如在宥篇、天地篇、天道篇、天運篇、山木篇、田子方篇、知北遊篇、庚桑楚篇、徐无鬼篇、則陽篇、外物篇、列禦寇篇是也。第三種既無總論，又無分論，全篇一氣呵成，近於後世文體，產生時期較晚，此類作品如駢拇篇、胠篋篇、馬蹄篇、刻意篇、繕性篇是也。第四種則摹仿前三種，文理頗膚淺，產生時期更晚，或以之爲僞，即讓王篇、盜跖篇、說劍篇、漁父篇是也。至於寓言篇與天下篇，前者爲莊子著書之凡例，後者爲莊子全書之後序，論其篇章結構，則屬第一種甲類。（註三八）莊書篇章結構已分類如上述，今每類各選一二篇表析之（第四種除外），以資參證。第一種甲類表析逍遙遊篇及養生主篇之篇章結構，乙類則表析應帝王篇，第二類則表析則陽篇，第三種則表析駢拇篇，第四種則摹仿前三種，文理又膚淺，或以之為偽，故不表析。玆表析以上諸篇之篇章結構如下：

消遥遊篇結構表析：

圖表一

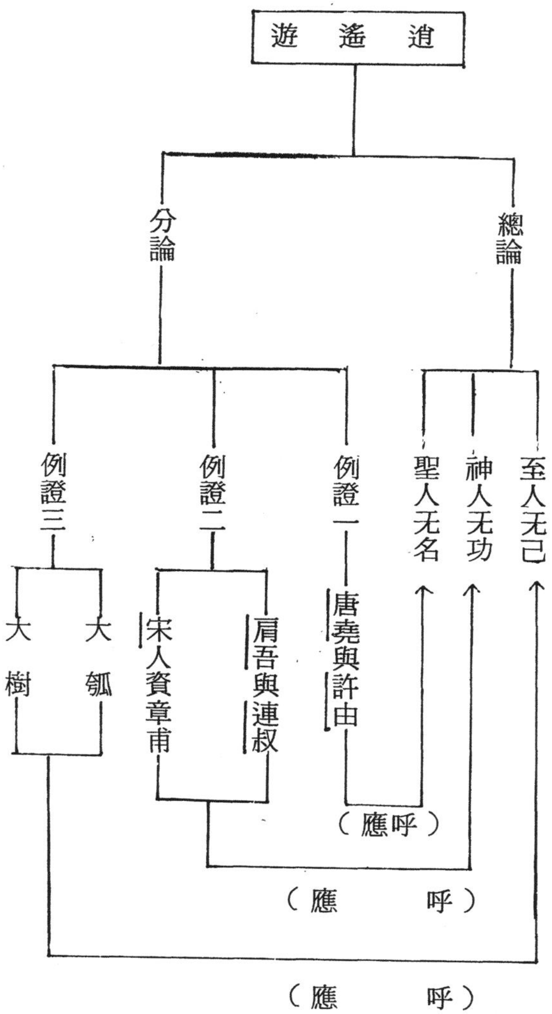

註三八：參閱張默生莊子新釋，莊子研究答問，頁二至三。

圖表二

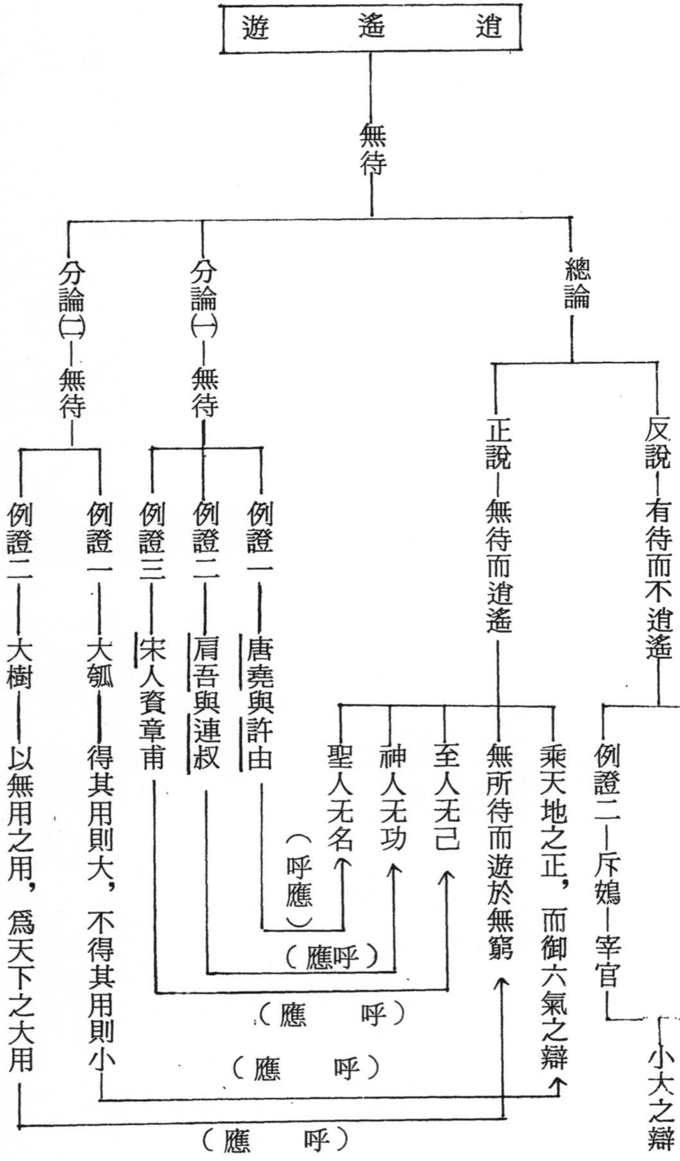
逍遙遊
無待
總論
正說—無待而逍遙
乘天地之正，而御六氣之辯
無所待而遊於無窮
至人无己
神人无功
聖人无名
反說—有待而不逍遙
例證一—大鵬—列子
例證二—斥鴳—宰官
小大之辯
分論(一)—無待
例證一—唐堯與許由
例證二—肩吾與連叔
例證三—宋人資章甫
分論(二)—無待
例證一—大瓠—得其用則大，不得其用則小
例證二—大樹—以無用之用，爲天下之大用
(呼應)
(應呼)
(應　呼)
(應　呼)
(應　呼)

圖表一分析說明

此表據胡遠濬莊子詮詁引劉大櫆之說而繪製，其形式雖簡明而符合總論、分論之體例，然其內容似有待商榷。

圖表二分析說明

此表據方以智藥地炮莊、方文通南華經解、林雲銘莊子因、王先謙莊子集解、張默生莊子新釋、陳師品卿莊學研究以及黃師錦鋐莊子課堂筆記而繪製，其形式與內容較合乎莊子逍遙遊篇之原意，故表二比表一翔實。

逍遙遊篇以無待即逍遙，為全篇之要旨。全篇分為總論與分論，總論又分反說與正說。反說以有待而不逍遙為立論，列舉大者如大鵬、列子，小者如斥鴳、宰官，皆如是也。正說則以無待而逍遙為立論，敍述「乘天地之正，而御六氣之辯」、「無所待而遊於無窮」、「至人无己，神人无功，聖人无名」，皆如斯也。

分論㈠以無待為主，列舉三例證：以唐堯與許由之事，證「聖人无名」；以肩吾與連叔之對話，證「神人无功」；以宋人資章甫而適諸越之事，證「无人无己」。

分論㈡以無待為主，列舉二例證：以大瓠得其用則大，不得其用則小，闡述「乘天地之正，而御六氣之辯」之義；以大樹雖為無用之用，乃天下之大用，闡釋「無所待而遊於無窮」之義。

養生主篇結構表析

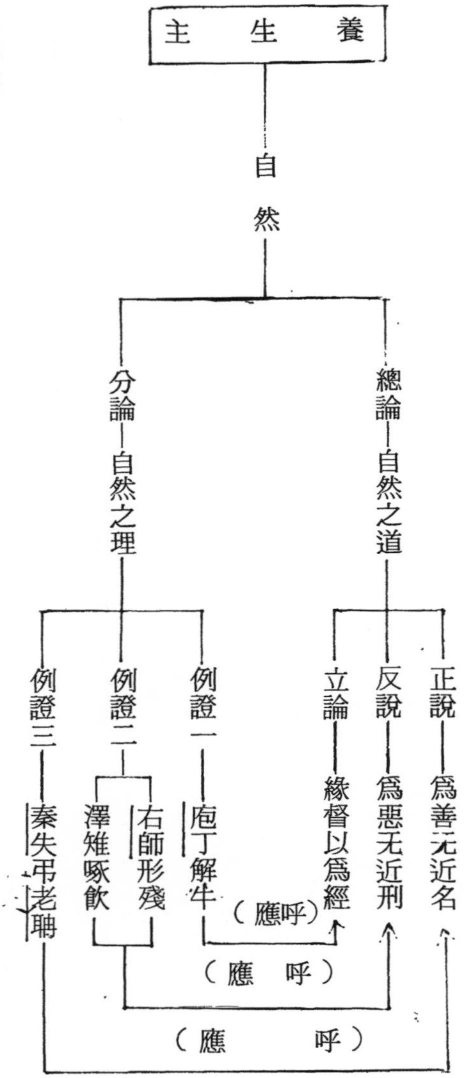

分析說明

養生之道，本乎自然，故自然爲養生主篇之主旨。養生主篇分爲總論與分論。總論先正說爲善无近名，再反說爲惡无近刑，後以「緣督以爲經」作立論，而「爲善无近名，爲惡无近刑，緣督以爲經」，皆源於自然之道。

分論列舉三例證：以「庖丁解牛之術」，證「緣督以爲經」；以「右師形殘，澤雉啄飲」，證「爲惡无近刑」；以「秦失弔老聃」，證「爲善无近名」；此皆循自然之理。

應帝王篇結構表析

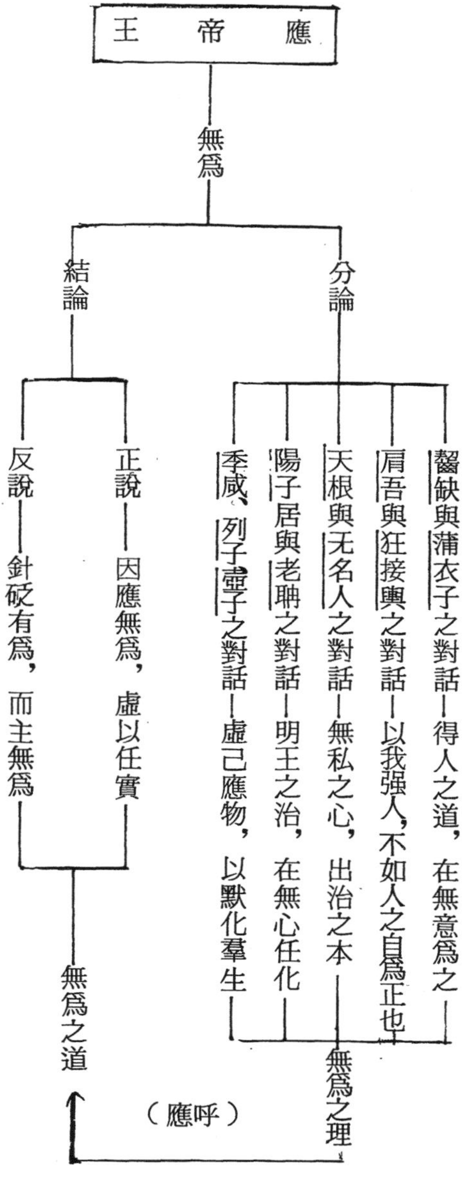

分析說明

帝王之道，在無爲而治，故無爲乃應帝王篇之主旨。本篇屬於第一種乙類之作品，是以先分論，後結論。分論有五：一則藉齧缺與蒲衣子之對話，闡述得人之道，在無意爲之；二則藉肩吾與狂接輿之話，闡明以我强人，不如人之自爲正之理：三則藉天根與无名人之對話，闡釋無私之心，出治之本；四則藉陽子居與老聃之對話，闡述明王之治，在無心任化；五則藉季咸、列子、壺子之對話，闡明虛己應物，以默化羣生；此皆無爲之理者也。

結論分正說與反說，正說闡述因應無爲，虛以任實之義；反說則藉儵、忽、渾沌之故事，以針砭有爲，而主無爲；此皆無爲之道者也。

則陽篇結構表析

則陽

- (一)敍述則陽求人言于王，欲得高官厚祿。
- (二)論述天人合一。
- (三)闡述君主欲爭伐之事。
- (四)敍述市南宜僚隱居之事。
- (五)闡明性不宜鹵莽，情亦不宜滅裂。
- (六)論述以責人之心責己，則盡道矣。
- (七)討論是非問題。
- (八)敍述善惡之分辨。
- (九)討論同異、終始、有無之問題。

分析說明

則陽篇據陸樹芝莊子雪分爲九段，每段所論述之問題，各自獨立，互不相干。首段敍述則陽求人言于王，欲得高官厚祿，作者藉王果之言，陳述公閱休之爲人，可言于王而必信，以諷則陽之趨炎也。次段論述天人合一。第三段敍述魏瑩欲伐田侯牟，羣臣進諫，以暗寓戰國君主爭伐。第四段藉孔子之言，敍述市南宜僚隱居之事。第五段藉莊子之言，闡明性不宜鹵莽，情亦不宜滅裂。第六段藉柏矩與老聃之對話，論述以責人之心責己，則盡道矣。第七段藉蘧伯玉之事，以討論是非問題。第八段藉仲尼與大史大弢、伯常騫、狶韋之對話，以敍述善惡之分辨。末段則藉少知與大公調之對話，討論同異、始終、有無之問題。

駢拇篇結構表析

駢拇

- (一)立論——仁義非道德之正也
- (二)正說——道德之正，即性命之正，則無有餘不足之憂
- (三)反說——仁義非性命之正，故有餘不足皆爲憂
- (四)反說——天下本有常然，以仁義用之，徒滋其疑擾也
- (五)反說——伯夷殉名、盜跖殉利，同歸於傷性，乃惑於仁義
- (六)結論——以仁義爲淫僻，道德爲本然作結

(應呼)　(應呼)　(應　呼)

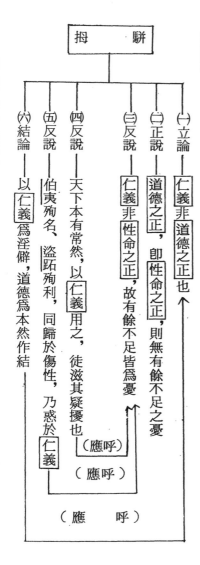

分析說明

駢拇篇以仁義為行，則失其性，故尚道德而卑仁義，本篇非薄仁義，便特提「道德」二字為一篇之主。

本篇一氣呵成，既無總論，又無分論。全篇依林雲銘莊子因分為六段：首段以「仁義非道德之正也」為立論；次段闡述道德之正，即性命之正，則無有餘不足之憂；第三段闡明仁義非性命之正，故有餘不足皆為憂；第四段闡釋天下本有常然，以仁義用之，徒滋其疑擾也；第五段藉伯夷殉名、盜跖殉利，闡明以身為殉者雖異，然皆同歸於傷性，而惑於仁義者也；末段以仁義為淫僻，道德為本然作結。

第三節　莊子修辭之探究

文學有內容、形式之分，內容之美屬於思想，中國歷代研究莊子思想者不遑枚舉，其成果亦甚偉；而形式之美則屬於文辭之美，中國歷代研究莊子文章者寥若晨星，其成果則甚微。尤其有系統撰述莊子文章之修辭者，似屬罕見。又莊子雖未嘗鑽研修辭學，然其爲文皆暗合修辭學之理論。職是之故，本節擬據各家修辭學之理論，析論莊子文章之修辭。玆歸納爲意念辭格與形式辭格兩大類，析爲十七目，分述於次：

甲、意念之辭格

意念之辭格，有感歎、設問、引用、轉品、夸飾、譬喻、比擬、映襯、呼告、聯緜等十種。

一、感歎

凡遇深沈之思想，猛烈之感情，悲惋之極至，歡忻之至情，輒用呼聲或類似呼聲之語詞表出者，謂之感歎。感歎之原則有二：一爲內心確有必須一歎方快之情思，二爲字音切合說者自然眞實之語音。（註一）感歎之作用，可以振興文氣，鼓舞文情者也。感歎之形式有三：一則加「呵」、「呀」、「

註一：參閱黃師慶萱修辭學，頁三十二至三十三。

嗚呼」、「噫嘻」、「哉」、「夫」等感歎詞於直述句之前後。二則寓感歎之意於設問之句式。三則寓感歎之意於倒裝之句法。（註二）本文將二則歸於設問，將三則歸於倒裝，僅一則爲純感歎者也。

莊子書中，有最純粹之感歎句，今舉例以明之。內篇如逍遙遊篇云：

則夫子猶有蓬之心也夫！（註三）

此言夫子（指惠施）有蓬心，不能直達玄理，深可歎也。又成玄英疏云：「夫，歎也。」（註四）由此可證，此例句爲感歎者也。又如養生主篇云：

譆，善哉！（頁一一八）

案成玄英疏云：「譆，歎聲也。」（頁一一八）又如人間世篇云：

此何木也哉？此必有異材夫！（頁一七六）

案「夫」，亦「歎」也。譯爲語體，則爲「罷」字。此言「此木必有堪爲大用的異材罷！」又如德充符篇云：

眇乎小哉！所以屬於人也。謷乎大哉！獨成其天。（頁二一七）

案黃師錦鋐新譯莊子讀本云：「渺小啊！所以和人同羣。偉大啊！那是超越人羣與天同體。」（註五）由是觀之，此例句爲感歎者也。又如大宗師篇云：

嗟乎！夫造物者又將以予爲此拘拘也！（頁二五九）

案成玄英疏云：「尋夫大道自然，造物均等，豈偏於我，獨此拘攣？欲顯明物理，故寄茲嗟歎也。」（頁二十六）由此觀之，此例句爲感歎者也。又應帝王篇云：

嘻！子之先生死矣！弗活矣！不以旬數矣！（頁二九九）

案成玄英疏云：「嘻，歎聲也。」（頁二九九）由此可證，此例句爲感歎者也。以「嘻」爲歎聲者，猶有外篇之天地篇，雜篇之讓王篇、漁父篇。天地篇云：

嘻！聖人！（頁四二〇）

讓王篇云：

嘻！先生何病？（頁九七六）

讓王篇又云：

嘻，異哉！

漁父篇云：

嘻！甚矣子之好學也！（頁一〇二七）

以「嗚呼」爲歎聲者，如漁父篇云：

嗚呼！遠哉其分於道也！（頁一〇二五）

案黃師新譯云：「唉！離開大道太遠了啊！」（頁三五八）由是可知，此例句爲感歎者也。

註二：參閱陳望道修辭學發凡，頁二二四。

註三：見郭慶藩莊子集釋，頁三十七。本節自此以後，凡引莊子原文，逕標篇名、頁碼，不另加註。

註四：見同註三，頁三十九。爾後本節凡引郭象注、成玄英疏、陸德明釋文、郭慶藩集釋，則逕標頁碼，不另加註。

註五：見黃師錦鋐新譯莊子讀本，頁一〇四。爾後則簡稱黃師新譯，逕標頁碼，不另加註。

二、設問

所謂設問者，胸有成竹，而故意提問或激問者也。凡提醒下文而問，謂之提問；此一問一答者也。凡激發本意而問，謂之激問；此問而不答者也。設問之原則有四：一則用於篇首，以提起全篇主旨；二則用於篇末，以製造文章餘韻；三則首末均用，以構成前後呼應；四則連續設問，以加強語文氣勢。（註六）設問之作用，用以引出下面之對答，而其優點爲：不用正面命令語氣，而用側面商量方式，使讀者自得其解，比較切實；又因自反面襯托正面，更加肯定。

莊子書中運用提問者，亦不尠矣。內篇如逍遙遊篇云：

小知不及大知，小年不及大年。奚以知其然也？朝菌不知晦朔，蟪蛄不知春秋，此小年也。楚之南有冥靈者，以五百歲爲春，五百歲爲秋，上古有大椿者，以八千歲爲春，八千歲爲秋，此大年也。（註七）而彭祖乃今以久特聞，衆人匹之，不亦悲乎！（頁十一）

此自問自答，言小年何以不及大年之例證。又如齊物論篇云：

惡乎然？然於然。惡乎不然？不然於不然。（頁六十九）

案成玄英疏云：「心境兩空，物我雙幻，於何而有然法，遂執爲然？於何不然爲不然也？」（頁七十）

又如養生主篇云：

文惠君：「譆，善哉！技蓋至此乎？」庖丁釋刀對曰：「臣之所好者道也，進乎技矣。」（頁一一九）

此言所好者非技也，直寄道理於技耳。又如德充符篇云：

惠子謂莊子曰：「人故无情乎？」莊子曰：「然。」（頁二二〇）

此莊子許其所問，故答云然。又如大宗師篇云：

子貢曰：「敢問畸人？」曰：「畸人者，畸於人而侔於天。」（頁二七三）

此言畸人之義也。

外篇如在宥篇云：

而且說明邪？是淫於色也；說聰邪？是淫於聲也；說仁邪？是亂於德也；說義邪？是悖於理也；說禮邪？是相於技也；說樂邪？是相於淫也；說聖邪？是相於藝也；說知邪？是相於疵也。（頁三六七）

此言德無憎愛，偏愛故亂德；理無是非，裁非故逆理。當理無悅，悅之則致淫悖之患矣。

雜篇如徐无鬼篇云：

武侯曰：「欲見先生久矣。吾欲愛民而爲義偃兵，其可乎？」徐无鬼曰：「不可。愛民，害民之始也；爲義偃兵，造兵之本也；君自此爲之，則殆不成。」（頁八二七）

此武侯與徐无鬼之對話，一問一答者也。

莊子書中亦有激問者，內篇如逍遙遊篇云：

註六：參閱註一，頁四十四至四十九。

註七：案「此大年也」，據陳景元莊子闕誤補，見莊子集成初編，冊五，該書頁一。

名者，實之賓也。吾將爲賓乎？（頁二十四）

此言許由不爲賓，而莊子用激問於句末，以製造文章之餘韻。又如齊物論篇云：

而獨不見之調調，之刁刁乎？（頁四十六）

而，汝也。案黃師新譯云：「你沒有看到大風過後樹搖搖擺擺的樣子嗎？」（頁七十）由是觀之，此例句爲激問者也。又如德充符篇云：

旣謂之人，惡得无情？（頁二二一）

此言旣謂之人，必得有情，此惠施未解形貌之非情也。又如大宗師篇云：

庸詎知吾所謂天之非人乎？所謂人之非天乎？（頁二二五）

案郭象注云：「我生有涯，天也；心欲益之，人也。然此人之所謂耳，物無非天也。天也者，自然者也；人皆自然，則治亂成敗，遇與不遇，非人爲也，皆自然耳。」（頁二二六）又如應帝王篇云：

有人於此，嚮疾強梁，物徹疏明，學道不勌。如是者，可比明王乎？（頁二九五）

此非明王也，而以疑問句，製造文章之餘味。

外篇如胠篋篇云：

故嘗試論之，世俗之所謂知者，有不爲大盜積乎？所謂聖者，有不爲大盜守者乎？（頁三四三）

此言世俗之所謂知、聖者，皆爲大盜積、守者也，故「聖人不死，大盜不止」。（註八）

雜篇如徐无鬼篇云：

今老邪？其欲干酒肉之味邪？其寡人亦有社稷之福邪？（頁八二四）

此連續設問，以加強文句氣勢。

三、引用

凡援用他人之語言文字者，謂之引用。引用之原則有五：一則引用不可失其原意，二則引用不可破壞全文語調之統一，三則必須訴之於合理之權威，四則使引用成爲委婉含蓄之語言，五則在新舊融會中產生喜悅與滿足。（註九）引用之作用，在加強自己言論之說服力。

莊子書中引用者，亦有之也。內篇如逍遙遊篇云：

齊諧者，志怪者也。諧之言曰：「鵬之徙於南冥也，水擊三千里，摶扶搖而上者九萬里，去以六月息者也。」（頁四）

案成玄英疏云：「姓齊，名諧，人姓名也。亦言書名也，齊國有此俳諧之書也。……齊諧所著之書，多記怪異之事，莊子引以爲證，明己所說不虛。」（頁五）此以齊諧爲書名較妥。鵬之說既言，重引齊諧以徵之。逍遙遊篇又云：

湯之問棘也是已。窮髮之北，有冥海者，天池也。有魚焉，其廣數千里，未有知其脩者，其名爲鯤。有鳥焉，其名爲鵬，背若太山，翼若垂天之雲，摶扶搖羊角而上者九萬里，絕雲氣，負青天，然後

註八：語見莊子胠篋篇，頁三五〇。

註九：參閱註一，頁一一四至一一九。

圖南，且適南冥也。」（頁十四）

前已引齊諧徵之，又恐他人不之信，三引湯之問棘以徵之，表示慎重。又如人間世篇云：

葉公子高將使於齊，問於仲尼曰：「王使諸梁也甚重，齊之待使者，蓋將甚敬而不急。匹夫猶未可動，而況諸侯乎！吾甚慄之。子常語諸梁也曰：『凡事若小若大，寡不道以懽成。事若不成，則必有人道之患；事若成，則必有陰陽之患。若成若不成而後无患者，唯有德者能之。』吾食也執粗而不臧，爨无欲清之人。……」（頁一五二至一五三）

此葉公子高引用仲尼之所曾告諸梁者也。人間世篇又云：

凡溢之類妄，妄則其信之也莫，莫則傳言者殃。故法言曰：「傳其常情，无傳其溢言，則幾乎全。」（頁一五七）

案成玄英疏云：「夫子引先聖之格言，爲當來之軌轍也。」（頁一五八）又如德充符篇云：

先生之門，固有執政焉如此哉？子而說子之執政而後人者也。聞之曰：「鑑明則塵垢不止，止則不明也。久與賢人處則無過。」今子之所取大者，先生也，而猶出言若是，不亦過乎！（頁一九七至一九八）

此申徒嘉引己所聞勸戒鄭子產，若久與賢人居則無過，若有過則非賢哲。又如大宗師篇云：

意而子曰：「堯謂我：『汝必躬服仁義而明言是非。』」（頁二七九）

此意而子引堯教語之辭也。

外篇如天地篇云：

有人治道若相放，可不可，然不然。辯者有言曰：「離堅白若縣寓。」若是，則可謂聖人乎？（頁四二七）

此引辯者之言，說明如此，可謂聖人乎？又如天道篇云：

故書曰：「有形有名。」形名者，古人有之，而非所以先也。（頁四七三）

案成玄英疏云：「書者，道家之書。」（頁四七三）此引道家之書，而加以闡釋形名之意。

雜篇如寓言篇云：

莊子曰：「孔子謝之矣，而其未之嘗言。」孔子云：「夫受才乎大本，復靈以生。」鳴而當律，言而當法，利義陳乎前，而好惡是非直服人」口而已矣。（頁九五三）

案成玄英疏云：「此是莊子，孔丘之語訶抵惠施也。」（頁九五三）

四、轉品

所謂「品」，乃指文法上所謂詞彙之品類者也。凡語文中，將詞彙原來之詞性，改變為其他詞性者，謂之轉品。轉品之原則有四：一則須合語法，使其自然而親切；二則須有意蘊，使其新穎而具體；三則不可意義晦澀；四則不可意義分歧。（註一〇）轉品之作用，在使文句格外生動；而其優點則在習慣文法用詞外，突來特別用法，使人有清新別致，出乎意料之感。（註一一）

註一〇：參閱註一，頁一九〇至一九五。

註一一：參閱董季棠修辭析論。

莊子書中之轉品，如齊物論篇云：

地籟則衆竅是已，人籟則比竹是已。敢問天籟。（頁四十九）

案地、人、天，本爲名詞，此處作形容詞用，故此例句爲轉品者也。又如秋水篇云：

惠子相梁，莊子往見之。或謂惠子曰：「莊子來，欲代子相。」於是惠子恐，搜於國中三日三夜。莊子往見之，曰：「南方有鳥，其名爲鵷鶵，子知之乎？夫鵷鶵，發於南海而飛於北海，非梧桐不止，非練實不食，非醴泉不飲。於是鴟得腐鼠，鵷鶵過之，仰而視之曰『嚇！』今子欲以子之梁國而嚇我邪？』（頁六〇五）

案第一「嚇」字爲歎詞，普通用法；第二「嚇」字爲動詞，轉品用法，以第二「嚇」字乃自第一「嚇」字引申而來；故此例句爲轉品者也。

五、夸飾

凡言文中，鋪排張揚，夸大修飾，超過客觀事實者，謂之夸飾，又稱爲鋪張。夸飾之原則有二：一則主觀方面須出於情意之自然流露，二則客觀方面須不致誤爲事實。（註一二）一言以蔽之，夸飾之原則，在「酌詩書之曠旨，翦揚馬之甚泰」，俾「夸而有節，飾而不誣」。如斯，可謂之懿也。（註一三）夸飾之作用，在爭奇鬥艷，增加藝術感，以悅耳目。（註一四）夸飾之對象，有空間、時間、人情。

莊子書中，此三類不同對象之夸飾，亦皆有之。空間之夸飾，如逍遙遊篇云：

北冥有魚，其名爲鯤。鯤之大，不知其幾千里也。化而爲鳥，其名爲鵬。鵬之背，不知其幾千里也；怒而飛，其翼若垂天之雲。（頁二）

此以「不知其幾千里也」夸飾鯤之大、鵬之背。

時間之夸飾，如養生主篇云：

> 良庖歲更刀，割也；族庖月更刀，折也。今臣之刀十九年矣，所解數千牛矣，而刀刃若新發於硎。彼節者有閒，而刀刃者无厚；以无厚入有閒，恢恢乎其於遊刃必有餘地矣，是以十九年而刀刃若新發於硎。（頁一一九）

此夸飾解牛之術者也。庖丁解牛之刀，雖用十九年矣，然其刀刃若新發於硎。

人情之夸飾，如盜跖篇云：

> 盜跖乃方休卒徒大山之陽，膾人肝而餔之。孔子下車而前，見謁者曰：「魯人孔丘，聞將軍高義，敬再拜謁者。」謁者入通，盜跖聞之大怒，目如明星，髮上指冠，曰：「此夫魯國巧僞人孔丘非邪？」（頁九九一）

此「髮上指冠」夸飾盜跖極怒之狀也。

註一二：參閱註二，頁二〇八至二〇九。

註一三：見蔡宗陽從文心雕龍與昭明文選析論辭賦之形構與評價，國文學報，第十期，頁八十七。

註一四：見王師更生國文教學新論，頁一五六。

六、譬喻

所謂譬喻，借彼喻此之謂也。譬喻，由喻體、喻詞、喻依三者組成。所謂喻體，即所欲闡明事物之主體；所謂喻詞，即聯接喻體與喻依之語詞；所謂喻依，即以比喻闡明此一主體之另一事物。（註一五）凡三者俱全，謂之詳式之譬喻；若以平行句法代之，而無喻詞，或喻詞、喻體俱無，則為略式之譬喻。譬喻之原則，分為積極與消極。積極之原則有四：一則須熟悉、具體、新穎者，二則須富於聯想，三則須切合情境，四則喻體與喻依在本質上須不同。消極之原則有三：一則不可太類似、離奇、粗鄙，二則避免晦澀之譬喻，三則避免牽強之類比。（註一六）

莊子書中，有詳式、略式之譬喻，茲舉例以明之。詳式之譬喻，內篇如逍遙遊篇云：

今夫斄牛，其大若垂天之雲。（頁四十）

其，指斄牛。案成玄英疏云：「斄牛，猶旄牛也，出西南夷。其形甚大，山中遠望，如天際之雲。」（頁四十一）此以「垂天之雲」，形容斄牛之大也。其大，為喻體；若，為喻詞；垂天之雲，為喻依，故此例句為詳式之譬喻者也。又如應帝王篇云：

為其妻爨，食豕如食人。（頁三〇六）

食豕為喻體，如為喻詞，食人為喻依，故「食豕如食人」為詳式之譬喻者也。

外篇如山木篇云：

君子之交淡若水，小人之交甘若醴。（頁六八五）

淡、甘爲喻體，若爲喻詞，水、醴爲喻依，故此例句爲詳式之譬喻者也。

雜篇如寓言篇云：

彼視三釜三千鍾，如觀雀蚊虻相過乎前也。（頁九五五）

案成玄英疏云：「彼，謂無係之人也。鳥雀大，以諭千鍾；蚊虻小，以比三釜。達道之人，無心係祿，千鍾三釜，不覺少多。猶如鳥雀蚊虻相與飛過於前矣，決然而已，豈係之哉！」（頁九五五）由此可知，此例句爲詳式之譬喻者也。又如盜跖篇云：

面目有光，脣如激丹，齒如齊貝，音中黃鍾，而多曰盜跖。（頁九九三）

脣、齒爲喻體，如爲喻詞，激丹、齊貝爲喻依，故「脣如激丹，齒如齊貝」爲詳式譬喻者也。

略式之譬喻，內篇如逍遙遊篇云：

適莽蒼者，三飡而反，腹猶果然；適百里者，宿舂糧；適千里者，三月聚糧。（頁九）

案林紓云：「適莽蒼，喻蜩鳩也；適千里，喻大鵬也。」（註一七）愚謂莊子逍遙遊篇言及鵬、蜩、鳩，故疑借適莽蒼者，喻蜩也；適百里者，喻鳩也；適千里者，喻鵬也。若據林氏之解，則「適百里者」，何所喻也？此例句無喻詞、喻體，故爲略式譬喻者也。又如齊物論篇云：

註一五：參閱註一，頁二三一。

註一六：參閱註一，頁二四二至二五〇。

註一七：見林紓莊子淺說，頁十一。

且女亦大早計，見卵而求時夜，見彈而求鴞炙。（頁九十九）

案郭象注云：「今瞿鵲子方聞孟浪之言而便以爲妙道之行，斯亦無異於見卵而責司晨之功，見彈而求鴞炙之實也。」（頁一〇〇）由此可知，「且女亦大早計」爲喻體，「見卵而求時夜，見彈而求鴞炙」爲喻依，此例句無喻詞，故爲略式譬喻者也。

外篇如駢拇篇云：

駢拇枝指，出乎性哉！而侈於德。附贅縣疣，出乎形哉！而侈於性。多方乎仁義而用之者，列於五藏哉！而非道德之正也。（頁三一一）

前二長句爲喻依，後一長句爲喻體，此例句無喻詞，故爲略式譬喻者也。

雜篇如庚桑楚篇云：

南榮趎曰：「目之與形，吾不知其異也，而盲者不能自見；耳之與形，吾不知其異也，而聾者不能自聞；心之與形，吾不知其異也，而狂者不能自得。」（頁七七八）

案成玄英疏云：「南榮學此三喻以況一身，不解至道之言與彼盲聾何別，故內篇云，非唯形骸有聾盲，夫智亦有之也。」由是可知，此例句爲既無喻詞，亦無喻體之略式譬喻者也。又如外物篇云：

荃者所以在魚，得魚而忘荃；蹄者所以在兔，得兔而忘蹄；言者所以在意，得意而忘言。（頁九四四）

此以「荃」、「蹄」比「言」，「魚」、「兔」比「意」，故前二長句爲喻依，後一長句爲喻體。此例句無喻詞，故爲略式譬喻者也。

七、比擬

凡描述一人，以人比物，謂之擬物；凡描述一物，以物比人，謂之擬人。此種修辭法，謂之比擬又稱爲擬化、轉化、假擬。擬人之基礎，在「移情作用」上；擬物之基礎，在「聯想作用」上。擬人之原則，須創造親切而生動之世界；擬物之原則，須顯現自由而權威之人生。（註一八）

莊子書中，擬物者，如齊物論篇云：

昔者莊周夢爲胡蝶，栩栩然胡蝶也，自喻適志與！不知周也。俄然覺，則蘧蘧然周也。不知周之夢爲胡蝶與，胡蝶之夢爲周與？周與胡蝶，則必有分矣。此之謂物化。（頁一一二）

此以莊周比胡蝶者也。言莊周夢爲胡蝶，栩栩而適其心；覺乃莊周，蘧蘧而暢其志者也。

擬人者，如秋水篇云：

莊子與惠子遊於濠梁之上。莊子曰：「鯈魚出遊從容，是魚之樂也。」惠子曰：「子非魚，安知魚之樂？」莊子曰：「子非我，安知我不知魚之樂？」惠子曰：「我非子，固不知子矣；子固非魚也，子之不知魚之樂，全矣。」莊子曰：「請循其本。子曰『汝安知魚樂』云者，既已知吾知之而問我，我知之濠上也。」（頁六〇六至六〇七）

此以魚比莊子者也。惠施不體物性，物我不共通，故不能肯定或否定「魚之樂」，此代表科學之精神

註一八：參閱註一，頁二八三至二八六。

者也；而莊子體悟物性，物我共通，故肯定「魚之樂」，此代表文學之精神者也。

八、映襯

凡用兩種相反之觀念或事物，使其語氣增強，或意義明顯，以加深印象者，謂之映襯。映襯之原則有三：其一、就內容而言，對比越強烈，印象越鮮明；事實可誇大，言詞則含蓄。其二、就形式而言，以譬喻、象徵、對偶、排比表達之。其三、就效果而言，具有文字之張力，須有嘲弄之效果。（註一九）而映襯之作用，在於增強語氣，使意義更明顯。

莊子書中之映襯句，亦不尠矣。內篇如逍遙遊篇云：

我世世爲洴澼絖，不過數金；今一朝而鬻技百金，請與之。（頁三十七）

此言世世洴澼，爲利蓋寡，一朝賣術，資貨極多。

又如齊物論篇云：

泠風則小和，飄風則大和。（頁四十六）

此言泠泠清風，和聲即小；暴疾飄風，和聲即大。又如養生主篇云：

吾生也有涯，而知也无涯。（頁一一五）

此言生命有限，知識無窮。又如人間世篇云：

夫兩喜必多溢美之言，兩怒必多溢惡之言。（頁一五七）

此謂喜怒之言常過其當也。又如德充符篇云：

自狀其過以不當亡者衆，不狀其過以不當存者寡。（頁一九九）

此謂多自陳其過狀，以己爲不當亡者衆也；默然知過，自以爲應死者少也。又如大宗師篇云：

且方將化，惡知不化哉？方將不化，惡知已化哉？（頁二七四）

此言已化而生，焉知未生之時哉！未化而死，焉知已死之後哉！

外篇如天道篇云：

无爲也，則用天下而有餘；有爲也，則爲天下用而不足。（頁四六五）

此言君上無爲，智照寬曠，御用區宇，而閑暇有餘；臣下有爲，情慮狹劣，各有職司，爲君所用，匪懈在公，猶恐不足。是知無爲有事，勞逸殊途。又如山木篇云：

君子淡以親，小人甘以絕。（頁六八五）

此言君子、小人之不同也。

雜篇如列禦寇篇云：

聖人以必不必，故无兵；衆人以不必必之，故多兵。（頁一〇四六）

此言理雖必然，猶不必之，斯至順矣，兵其安有！理雖未必，抑而必之，各必其所見，則乖逆生也。

九、呼告

凡說者、作者感情濃烈之際，先呼第三者之名字，再告之者，謂之呼告。呼告之原則有二：一則

註一九：參閱註一，頁二九五至三〇一。

以眞實情緒爲基礎，二則以濃縮之語言爲主。（註二〇）呼告可分爲普通、示現、擬人三種。

莊子書中，有普通呼告者，如人間世篇云：

> 弟子曰：「趣取無用，則爲社何邪？」曰：「密！若無言！彼亦直寄焉，以爲不知己者詬萬也。不爲社者，且幾有翦！」（頁一七四）

案黃師錦鋐新譯「密！若無言！」爲「別作聲，你別多說話。」（頁九十三）由是觀之，則此例句爲普通呼告者也。又如應帝王篇云：

> 天根遊於殷陽，至蓼水之上，適遭无名人而問焉，曰：「請問爲天下。」无名人曰：「去！汝鄙人也，何問之不豫也！」（頁二九二至二九三）

「去！汝鄙人也，何問之不豫也！」黃師錦鋐新譯云：「去吧！你眞是一個鄙陋的人，爲什麼你問的問題這樣令人不喜歡呢？」由此可知，此例句爲普通呼告者也。

所謂示現呼告，乃聞者並不在場，而對聞者呼告者也。示現呼告者，如大宗師篇云：

> 子桑戶、孟子反、子琴張三人相與友，曰：「孰能相與於无相與，相爲於无相爲？孰能登天遊霧，撓挑無極；相忘以生，无所終窮？」三人相視而笑，莫逆於心，遂相與爲友。莫然有閒而子桑戶死，未葬。孔子聞之，使子貢往侍事焉。或編曲，或鼓琴，相和而歌曰：「嗟來桑戶乎！嗟來桑戶乎！而已反其眞，而我猶爲人猗！」子貢趨而進曰：「敢問臨戶而歌，禮乎？」二人相視而笑曰：「是惡知禮意！」（頁二六四至二六七）

此莊子藉故事，以闡明生死觀。「嗟來桑戶乎！嗟來桑戶乎！」乃對死者之呼告。又如至樂篇云：

莊子之楚，見空髑髏，髐然有形，撽以馬捶，因而問之，曰：「夫子貪生失理，而爲此乎？將子有亡國之事，斧鉞之誅，而爲此乎？將子有不善之行，愧遺父母妻子之醜，而爲此乎？將子有凍餒之患，而爲此乎？將子之春秋故及此乎？」於是語卒，援髑髏，枕而臥。夜半，髑髏見夢曰：「子之談者似辯士。視子所言，皆生人之累也，死則无此矣。子欲聞死之說乎？」（頁六一七至六一八）

前半段爲莊子對髑髏之呼告，後半段則爲髑髏對莊子現夢。前者問髑髏爲何而死？後者闡明生不如死之理。

所謂擬人呼告，即將物當作人，對其呼告，而與之對話者也。如人間世篇云：

孔子適楚，楚狂接輿遊其門曰：「鳳兮鳳兮，何如德之衰也！來世不可待，往世不可追也。天下有道，聖人成焉；天下無道，聖人生焉。方今之時，僅免刑焉。福輕乎羽，莫之知載；禍重乎地，莫之知避。已乎已乎，臨人以德！殆乎殆乎，畫地而趨！迷陽迷陽，无傷吾行！吾行郤曲，无傷吾足！」（頁一八三）

案莊子以鳳比孔子也，此楚狂接輿藉鳳以呼告孔子，有道即現，無道當隱，如何懷此聖德，往適衰亂之邦者耶！

十、聯綿

註二〇：參閱註一，頁三八六至三八七。

凡兩個聲母相同而韻母不同之字連成一個詞，謂之雙聲，如零落、倔強是也；凡兩個韻母相同而聲母不同之字連成一個詞，謂之疊韻，如巧妙、宛轉是也；不論雙聲詞或疊韻詞，昔人謂之連語、謰語、重言、聯緜詞，而最常用之名稱爲雙聲疊韻聯緜詞，簡稱聯緜。（註二一）

莊子書中之聯緜詞甚多，徐德庵著有莊子連詞今訓，今舉數例以明之。內篇如逍遙遊篇云：

野馬也，塵埃也，生物之以息相吹也。（頁四）

案段玉裁說文解字注云：「野，羊者切，古音在五部。」（註二二）又云：「馬，莫下切，古音在五部。」（註二三）羊爲喻紐，莫爲明紐，野爲馬韻。（註二四）「野馬」二字，古韻同在第五部，而聲母不同，故「野馬」爲疊韻聯緜詞。又如齊物論篇云：

恢恑憰怪，道通爲一。（頁七）

案段玉裁說文解字注云：「憰，古穴切，十五部。」（註二五）又云：「怪，古懷切，一部。」（註二六）古爲見紐，憰爲屑韻，怪爲怪韻，故「憰怪」爲雙聲聯緜詞。

外篇如秋水篇云：

蹢躅而屈伸，反要而語極。（頁五八八）

案廣韻云：「蹢，直炙切。」（註二七）又云：「躅，直錄切。」（頁四六二）直爲澄紐，蹢爲昔韻，躅爲燭韻，故「蹢躅」爲雙聲聯緜詞。又如達生篇云：

公反，誒詒爲病，數日不出。（頁六五〇）

案廣韻云：「誒，許其切。」（頁六十二）又云：「詒，與之切。」（頁五十九）許爲曉紐，與爲喻紐，誒、詒同爲之韻，故「誒詒」爲疊韻聯緜詞。

雜篇如盜跖篇云：

口嗛於芻豢醪醴之味，以感其意，遺忘其業，可謂亂矣。（頁一〇一二）

案廣韻云：「醪，魯刀切。」（頁一五五）又云：「醴，盧啓切。」（頁二六八）魯、盧皆爲來紐，醪爲豪韻，醴爲薺韻，故「醪醴」爲雙聲聯緜詞。又如天下篇云：

荒唐之言，无端崖之辭。（頁一〇九八）

案廣韻云：「荒，呼光切。」（頁一八〇）又云：「唐，徒郎切。」（頁一七八）荒爲唐韻，呼爲曉紐，徒爲定紐，故「荒唐」爲疊韻聯緜詞。

註二一：參閱註一，頁一五三。

註二二：見說文解字注，頁七〇一。

註二三：見註二二，頁四六五。

註二四：聲紐以林師景伊中國聲韻學通論四十一聲紐爲主，韻目以廣韻二〇六韻爲主。自此以下皆同。

註二五：見註二一，頁五一五。

註二六：見註二一，頁五一四。

註二七：見陳彭年等廣韻，頁五一八。自此以下，凡引廣韻切語逕標頁碼。

乙、形式之辭格

形式之辭格，有類疊、對偶、排比、層遞、頂眞、回文、倒裝等七種。

一、類疊

所謂類疊者，即用同一字、詞、句，或連接、或隔離而反復使用者也。凡用同一字，連接而反復使用者，謂之疊字。凡用同一字，隔離而反復使用者，謂之類字。凡用同一句，連接而反復使用者，謂之疊句。凡用同一句，隔離而反復使用者，謂之類句。用此觀之，則類疊分爲疊字、類字、疊句、類句四類。而類疊之原則有三：一則類疊應利用其形式，而再現宇宙人生之廣綿；二則類疊應憑藉其數大，以傳達雄偉和諧之美感；三則類疊應突破其單調，以避免枯燥固定之弊病。（註二八）類疊之作用，用於論說，則增加文章之氣勢；用於抒情，則予人情韻迴環、風致緜邈之感；讀之則言有盡而意無窮。（註二九）

莊子內外雜篇皆有類疊，茲依疊字、類字、疊句、類句而闡述於后：

(1)、疊字

內篇如逍遙遊篇云：

天之蒼蒼，其正色邪？（頁四四）

案王了一古代漢語云：「蒼蒼，深藍色。」（註三〇）此蒼蒼，形容天之顏色也。逍遙遊篇又云：

彼於致福者，未數數然也。（頁十七）

案成玄英疏云：「數數，猶汲汲也。」（頁十八）此數數，形容致福之狀。又如齊物論篇云：

而獨不聞之翏翏乎？（頁四十六）

案郭象注、成玄英疏、陸德明釋文，皆謂翏翏，長風之聲。（頁四十七）齊物論篇又云：

而獨不見之調調，之刁刁乎？（頁四十六）

案郭象注、成玄英疏、陸德明釋文，皆云調調、刁刁，動搖之貌也。（頁四十九）此言物形既異，動亦不同，雖有調刁之殊，而終無是非之異。齊物論篇又云：

且有大覺而後知此其大夢也，而愚者自以爲覺，竊竊然知之。（頁一〇四）

案黃師新譯云：「竊竊然，著明的樣子。」（頁六十九）陸德明釋文：「司馬云：竊竊，猶察察也。」（頁一〇六）黃師之注，殆本乎此。「竊竊然」，形容知之狀。又大宗師篇云：

彼又惡能憒憒然爲世俗之禮，以觀衆人之耳目哉！（頁二六八）

案成玄英疏云：「憒憒，猶煩亂也。」（頁二七一）「憒憒然」，形容爲之狀。

外篇如天地篇云：

註二八：見註一，頁四四一至四四三。

註二九：參閱註一一，頁三六一。

註三〇：見古代漢語，頁三五〇。

夫道，覆載萬物者也，洋洋乎大哉！（頁四〇六）

案黃師新譯云：「洋洋乎，浩大的樣子。」（頁一六〇）「洋洋乎」，形容大之狀。又如秋水篇云：

今子蓬蓬然起於北海，蓬蓬然入於南海，而似无有，何也？（頁五九四）

案成玄英疏云：「蓬蓬，風聲也，亦塵動貌也。」（頁五九四）黃師新譯云：「蓬蓬然，風吹的樣子。」（頁二〇五）

雜篇如庚桑楚篇云：

簡髮而櫛，數米而炊，竊竊乎又何足以濟世哉！（頁七七五）

案陸德明釋文云：「竊竊，計校之貌。」（頁七七六）此言斤斤計較，又何足救世！又如盜跖篇云：

子之道，狂狂汲汲，詐巧虛僞事也，非可以全眞也，奚足論哉！（頁一〇〇〇）

案黃師新譯云：「狂狂，失信。汲汲，不足的意思。」（頁三四四）此言子之道，狂妄不足信也。

(2)、類　字

莊子書中用類字者夥矣，有似法、者法、曰法、无法、乎法、憐法、一法、奚法、其法、不法、之法、而法、爲法、之所法、而不法、得之法、無不法、惡用法、以爲法、无爲法、可以法、方且法、而不爲法、不足則等二十四種。茲分述如下：

似法如齊物論篇云：

似鼻，似口，似耳，似枅，似圈，似臼，似洼者，似污者。（頁四十六）

此言風吹竅穴動作之貌。

者法如齊物論篇云：

激者，謞者，叱者，吸者，叫者，譹者，宎者，咬者。（頁四十六）

此略舉衆竅之聲殊。

曰法　如天地篇云：

且失性有五：一曰五色亂目，使目不明；二曰五聲亂耳，使耳不聰；三曰五臭薰鼻，困惾中顙；四曰五味濁口，使口厲爽；五曰趣舍滑心，使性飛揚。此五者，皆生之害也。（頁四五三）

此言失性五者，生之害也。

无法，如天道篇云：

故知天樂者，无天怨，无人非，无物累，无鬼責。（頁四六二）

此言德合於天，故無天怨；行順於世，故無人非；我冥於物，故物不累我；我不負幽顯，有何鬼責也！

乎法，如大宗師篇云：

與乎其觚而不堅也，張乎其虛而不華也；邴邴乎其似喜乎！崔乎其不得已乎！滀乎進我色也，與乎止我德也；厲乎其似世乎！謷乎其未可制也；連乎其似好閉也，悗乎忘其言也。（頁二三四）

此言眞人自利利他內外德行。

憐法，如秋水篇云：

蘷憐蚿，蚿憐蛇，蛇憐風，風憐目，目憐心。（頁五九一）

此言欲明物情顛倒，妄起哀憐，故託蘷蚿以救其病者也。又蘷、蚿、蛇、風、目、心，則以少企多，以有羨無，以小企大，以暗慕明，以外慕內，不止頂眞，亦爲層遞。故此例句旣爲類疊，亦爲頂眞，又爲層遞。

一法，如田子方篇云：

昔之見我者，進退一成規，一成矩，從容一若龍，一若虎。（見七〇五）

此言擎跪揖讓，前卻方圓，逶迤若龍，槃辟如虎。

奚法，如至樂篇云：

今奚爲奚據？奚避奚處？奚就奚去？奚樂奚惡？（頁六〇八）

此假設疑問，言擇此八者，莫足以活身，唯無擇而任其所遇乃全耳。

其法，如大宗師篇云：

古之眞人，其寢不夢，其覺无憂，其食不甘，其息深深。（頁二三八）

此言古之眞人，其寢、覺、食、息之狀也。

不法，如齊物論篇云：

聖人不從事於務，不就利，不違害，不喜求，不緣道。（頁九七）

此言聖人之行也。

之法，如人間世篇云：

而目將熒之，而色將平之，口將營之，容將形之，心且成之。（頁一三六）

此言衞君逞其才辯，可使顏回眼眩，不能進善而更成彼惡也。

而法，如則陽篇云：

匿爲物而愚不識，大爲難而罪不敢，重爲任而罰不勝，遠其塗而誅不至。（頁九〇二至九〇三）

此言君人者故意刁難百姓，使百姓爲而不成，復加以責難。

爲法，如德充符篇云：

故聖人有所遊，而知爲蘖，約爲膠，德爲接，工爲商。（頁二一七）

此言爲四者自然相生，其理已具。又如外物篇云：

目徹爲明，耳徹爲聰，鼻徹爲顫，口徹爲甘，心徹爲知，知徹爲德。（頁九三九）

此言六根無壅，故徹；聰明不蕩於外，故爲德也。

之所法，如養生主篇云：

庖丁爲文惠君解牛，手之所觸，肩之所倚，足之所履，膝之所踦。（頁一一七）

此言庖丁解牛之狀。

而不法，如齊物論篇云：

道昭而不道，言辯而不及，仁常而不成，廉清而不信，勇忮而不成。（頁八十三）

此五者，皆以有爲傷當者也，不能止乎本性，而求外無已。

得之法，如大宗師篇云：

狶韋氏得之，以挈天地；伏戲氏得之，以襲母氣；維斗得之，終古不忒；日月得之，終古不息；堪坏得之，以襲崑崙；馮夷得之，以遊大川；肩吾得之，以處大山；黃帝得之，以登雲天；顓頊得之以處玄宮；禺強得之，立乎北極；西王母得之，坐乎少廣，莫知其始，莫知其終；彭祖得之，上及有虞，下及五伯；傅說得之，以相武丁，奄有天下，乘東維，騎箕尾，而比於列星。（頁二四七）

此言得之於道，乃所以明其自得耳。

無不法，如大宗師篇云：

其爲物，無不將也，無不迎也，無不毀也，無不成也。（頁二五三）

此言任其自將、迎、毀、成，故無不將、迎、毀、成。

惡用法，如德充符篇云：

聖人不謀，惡用知？不斲，惡用膠？无喪，惡用德？不貨，惡用商？（頁二一七）

此言自然已具，故聖人無所用其己也。

以爲法，如人間世篇云：

散木也，以爲舟則沈，以爲棺槨則速腐，以爲器則速毀，以爲門戶則液樠，以爲柱則蠹。（頁一七一）

此言散木爲各類器具皆無用矣，以其不材之木，故致閒散也。

无爲法，如應帝王篇云：

无爲名尸，无爲謀府；无爲事任，无爲知主。（頁三〇七）

此言因物則物各自當其名，各自謀，各自任，各主其知也。

可以法，如養生主篇云：

緣督以爲經，可以保身，可以全生，可以養親，可以盡年。（頁一一五）

此言順自然之中道以爲常法，則可以保身、全性、養親、盡年矣。

方且法，如天地篇云：

方且本身而異形，方且尊知而火馳，方且爲緒使，方且爲物絯，方且四顧而物應，方且應衆宜，方且與物化而未始有恆。（頁四一六）

此言使齧缺之治天下，則本乎人爲之智慧，而摒棄自然之本性，其弊多矣！

而不爲法，如大宗師篇云：

整萬物而不爲義，澤及萬世而不爲仁，長於上古而不爲老，覆載天地刻彫衆形而不爲巧。（頁二八一）

不足則法，如則陽篇云：

夫力不足則僞，知不足則欺，財不足則盜。（頁九〇三）

此言力、知、財不足之弊也。

(3)、疊 句

莊子內外雜篇皆有疊句，內篇如齊物論篇云：

已乎！已乎！且暮得此，其所由以生乎！（頁五十一）

此言推求日夜，前後難知，起心慮度，不如止息。又如大宗師篇云：

嗟來桑戶乎！嗟來桑戶乎！而已反其眞，而我猶爲人猗！（頁二六六）

案李楨曰：嗟來是歌聲，卻是歎聲。釋名釋言語：嗟，佐也，言之不足以盡意，故發此聲以自佐也。來，哀也；使來入已哀之，故其言之低頭以招之也。孟子反子琴張歎桑戶之得已反眞，故爲此歌也。（註三一）

外篇如天道篇云：

莊子曰：「吾師乎！吾師乎！……」（頁四六二）

案成玄英疏云：「吾師乎者，至道也。然至道不可心知，爲汝略言其要，即吾師是也。」（頁二八二）

雜篇如庚桑楚篇云：

大亂之本，必生於堯舜之間，其末存乎千世之後。千世之後，其必有人與人相食者也。（頁七七五）

案成玄英疏云：「唐虞揖讓之風，會成簒逆之亂。亂之根本，起自堯舜，千載之後，其弊不絕，黃巾赤眉，則是相食也。」（頁七七七）

(4)、類句

莊子之類句，亦不鮮矣。內篇如逍遙遊篇云：

彼且奚適也？我騰躍而上，不過數仞而下，翱翔蓬蒿之間，此亦飛之至也。而彼且奚適也？（頁十四）

此言斥鴳笑鵬，何必適南冥？內篇又如齊物論篇云：

唯其好之也，以異於彼，其好之也，欲以明之。（頁七十五）

此言昭文、師曠、惠子，唯獨好其所明，自以殊於衆人，又明示衆人，欲使同乎我之所好。又如養生主篇云：

天也，非人也。天之生是使獨也，人之貌有與也。以是知其天也，非人也。（頁一二四）

此言「天也，非人也」之故。又如人間世篇云：

與天爲徒者，知天子之與己皆天之所子，而獨以己言蘄乎而人善之，蘄乎而人不善之邪？若然者，人謂之童子，是之謂與天爲徒。（頁一四三）

此加強說明「與天爲徒」之義也。又如德充符篇云：

有人之形，无人之情。有人之形，故羣於人；无人之情，故是非不得於身。（頁二一七）

此闡明「有人之形，无人之情」之別。有人之形，則羣聚世間，和光混跡；无人之情，則物我兩忘，何有是非！又如大宗師篇云：

知天之所爲，知人之所爲者，至矣。知天之所爲者，天而生也；知人之所爲者，以其知之所知以養

註三一：見註三，頁二六六。

> 其知之所不知，終其天年而不中道夭者，是知之盛也。（頁二二四）

此言知天人之所爲者，皆自然也；則內放其身而外冥於物，與衆玄同，任之而無不至者也。又如應帝王篇云：

> 陽子居蹴然曰：「敢問明王之治。」老聃曰：「明王之治：功蓋天下而似不自己，化貸萬物而民弗恃；有莫舉名，使物自喜；立乎不測，而遊於无有者也。」（頁二九六）

此言「明王之治」，其義安在。

外篇如在宥篇云：

> 无爲而尊者，天道也；有爲而累者，人道也。主者，天道也；臣者，人道也。（頁四〇一）

此言天道、人道之別也。

雜篇如庚桑楚篇云：

> 券內者，行乎无名；券外者，志乎期費。行乎无名者，唯庸有光；志乎期費者，唯賈人也，人見其跂，猶之魁然。（頁七九五）

此進一步闡釋「行乎无名」、「志乎期費」之義也。

二、對偶

凡前後句，字數相等，句法相似，詞性相同，平仄相對者，謂之對偶，或稱麗辭。對偶之原則有三：其一工整，其二自然，其三意遠。（註三二）而對偶之作用，在使文句既勻稱、平衡、圓滿，又兼有映襯之現象。（註三三）對偶之種類，劉勰文心雕龍麗辭篇分爲四對：言對、事對、反對、正對。日本遍照金剛文鏡祕府論東卷則分爲二十九對：一曰的名對、二曰隔句對、三曰雙擬對、四曰聯綿對、五曰互成對、六曰異類對、七曰賦體對、八曰雙聲對、九曰疊韻對、十曰迴文對、十一曰意對、十二曰平對、十三曰奇對、十四曰同對、十五曰字對、十六曰聲對、十七曰側對、十八曰隣近對、十九曰交絡對、二十曰當句對、二十一曰含境對、二十二曰背體對、二十三曰偏對、二十四曰雙虛實對、二十五曰假對、二十六曰切側對、二十七曰雙聲側對、二十八曰疊韻側對、二十九曰總不對。遍照金剛分類繁多，實嫌瑣碎，茲就形式而分，不外乎四對：當句對、單句對、隔句對、長句對。莊子內篇用對偶法者不鮮，今分述之。

(1)、當句對

凡一句中，上下兩短語，自爲對偶者，謂之當句對。如逍遙遊篇云：

藐姑射之山，有神人居焉，……不食五穀，吸風飲露。（頁二八）

此例乃當句對，吸與飲、風與露相對，吸飲皆動詞，風露皆名詞，此詞性相同而對者也。又吸爲平聲，飲爲仄聲；風爲平聲，露爲仄聲；此平仄相對者也。

齊物論篇云：

註三二：參閱註一，頁四六三至四六五。

註三三：參閱註一一，頁三二七。

狙公賦芧，曰：「朝三而暮四。」衆狙皆怒。曰：「然則朝四而暮三。」衆狙皆悅。名實未虧而喜怒爲用，亦因是也。（頁七〇）

名實爲平聲，喜怒爲仄聲；未爲仄聲，爲爲平聲；虧爲平聲，用爲仄聲；此平仄相對者也。

養生主篇云：

臣以神遇而不以目視，官知止而神欲行。（頁一一九）

神、目爲名詞，遇、視爲動詞，此詞性相同而對者也。官、神爲名詞，知、欲爲副詞，止、行爲動詞，此亦詞性相同之當句對。又知爲平聲，欲爲仄聲；止爲仄聲，行爲平聲；後二字亦爲平仄相對者也。

人間世篇云：

今吾朝受命而夕飲冰，我其內熱與！（頁一五三）

朝、夕爲名詞，受、飲爲動詞，命、冰爲名詞，此詞性相同而對者也。又朝爲平聲，夕爲仄聲；命爲仄聲，冰爲平聲；此亦爲平仄相對者也。

人間世篇又云：

行事之情而忘其身，何暇至於悅生而惡死！（頁一五五）

悅、惡爲動詞，生、死爲名詞，此詞性相同而對者也。又生爲平聲，死爲仄聲，此亦平仄相對者也。

大宗師篇云：

與其譽堯而非桀也，不如兩忘而化其道。（頁二四二）

譽、非爲動詞，堯、桀爲名詞，此詞性相同而對者也。

大宗師篇又云：

離形去知，同於大通，此謂坐忘。（頁二八四）

離、去爲動詞，形、知爲名詞；此詞性相同而對者也。又離爲平聲，去爲仄聲；形爲平聲，知念ㄓˋ，爲仄聲；此平仄相對者也。

應帝王篇云：

是於聖人也，胥易技係，勞形怵心者也。（頁二九五）

勞、怵爲動詞，形、心爲名詞；此詞性相同而對者也。又勞爲平聲，怵爲仄聲，此平仄相對者也。

(2)、單句對

凡上下句相對者，謂之單句對，又稱爲單對。如逍遙遊篇云：

定乎內外之分，辯乎榮辱之境，斯已矣。（頁十七）

定、辯爲動詞，內外、榮辱爲名詞，分、境爲名詞，此詞性相同而對者也。

逍遙篇又云：

堯治天下之民，平海內之政，往見四子藐姑射之山，汾水之陽，窅然喪其天下焉。（頁三一）

治、平爲動詞，天下、海內爲名詞，民、政亦爲名詞，此詞性相同而對者也。又治爲仄聲，平爲平聲；民爲平聲，政爲仄聲，此平仄相對者也。

齊物論篇云：

昔者十日並出，萬物皆照，而況德之進乎日者乎！（頁八九）

十、萬爲形容詞，日、物爲名詞，並、皆爲副詞，出、照爲動詞；此詞性相同而對者也。又並爲仄聲，皆爲平聲；此平仄相對者也。

齊物論篇又云：

予嘗爲女妄言之，女以妄聽之。奚旁日月，挾宇宙？（頁一〇〇）

旁、挾爲動詞，日月、宇宙爲名詞；此詞性相同而對者也。

德充符篇云：

立不教，坐不議，虛而往，實而歸。（頁一八七）

立、坐爲動詞，教、議亦爲動詞；此詞性相同而對者也。虛、實爲形容詞，往、歸爲動詞，此亦詞性相同而對者也。

大宗師篇云：

顏回曰：「墮枝體，黜聰明，……。」（頁二八四）

墮、黜爲動詞，枝體、聰明爲名詞，此詞性相同而對者也。

應帝王篇云：

汝遊心於淡，合氣於漠，順物自然而無容私焉，而天下治矣。（頁二九四）

遊、合爲動詞，心、氣爲名詞，淡、漠爲形容詞，此詞性相同而對者也。又遊爲平聲，合爲仄聲；心爲平聲，氣爲仄聲；此平仄相對者也。

(3)、隔句對

凡奇句與奇句相對，偶句與偶句相對者，謂之隔句對，又稱爲偶對。如齊物論篇云：

六合之外，聖人存而不論；六合之內，聖人論而不議。（頁八三）

內、外爲名詞，存、論爲動詞，論、議亦爲動詞；此詞性相同而對者也。

齊物論篇又云：

故分也者，有不分也；辯也者，有不辯也。（頁八三）

分、辯爲動詞，此詞性相同而對者也。

人間世篇云：

與之爲无方，則危吾國。與之爲有方，則危吾身。（頁一六四）

无、有爲動詞，國、身爲名詞，此詞性相同而對者也。无爲平聲，有爲仄聲；國爲仄聲，身爲平聲；此平仄相對者也。

人間世篇又云：

仰而視其細枝，則拳曲而不可以爲棟梁；俯而視其大根，則軸解而不可以爲棺槨。（頁一七六）

仰、俯爲動詞，細、大爲形容詞，枝、根爲名詞，拳、軸亦爲名詞，曲、解爲形容詞，棟梁、棺槨爲名詞；此詞性相同而對者也。

人間世篇又云：

福莫輕乎羽，莫之知載；禍莫重乎地，莫之知避。（頁一八三）

福、禍爲名詞，輕、重爲形容詞，羽、地爲名詞，載、避爲動詞；此詞性相同而對者也。

人間世篇又云：

桂可食，故伐之；漆可用，故割之。（頁一八六）

桂、漆爲名詞，食與用、伐與割皆爲動詞；此詞性相同而對者也。

(4)、長句對

凡一串之短語，構成一長句，上下兩長句相對者，謂之長句對，又稱爲長偶對，亦簡稱長對。如人間世篇云：

是以夫事其親者，不擇地而安之，孝之至也；夫事其君者，不擇事而安之，忠之盛也；……（頁一五五）

親與君、地與事、孝與忠，皆爲名詞；此詞性相同而對者也。

人間世篇又云：

且以巧鬥力者，始乎陽，常卒于陰，泰至則多奇巧。以禮飲酒者，始乎治，常卒乎亂，泰至則多奇樂。凡事亦然。（頁一五八）

巧與禮、力與酒，皆爲名詞；鬥與飲爲動詞；陽與治、陰與亂，皆爲名詞；巧、樂爲形容詞；此詞性相同而對者也。

莊子外篇運用對偶法者亦多矣，玆舉一二例，以明之。當句對者，如馬蹄篇云：

齕草飲水，翹足而陸，此馬之眞性也。（頁三三〇）

齕、飲爲動詞，草、水爲名詞；此詞性相同而對者也。

單句對者，如駢拇篇云：

曲者不以鉤，直者不以繩，圓者不以規，方者不以矩，附離不以膠漆，約束不以纆索。（頁三二一）

曲與直相對，皆爲形容詞；鉤與繩相對，皆爲名詞；此詞性相同而對者也。圓與方相對，皆爲形容詞；規與圓相對，皆爲名詞；此亦詞性相同而對者也。附離與約束相對，皆爲動詞；膠漆與纆索相對，皆爲名詞；此亦詞性相同而對者也。此例之單句對有三。又如馬蹄篇云：

馬，蹄可以踐霜雪，毛可以禦風寒，……（頁三三〇）

蹄與毛相對，皆爲名詞；踐與禦相對，皆爲動詞；霜雪與風寒相對，皆爲名詞；此詞性相同而對者也。

隔句對者，如駢拇篇云：

是故駢於足者，連无用之肉也；枝於手者，樹无用之指也。（頁三二一）

駢與枝、連與樹，皆相對，亦爲動詞；足與手、肉與指，皆相對，亦爲名詞；此詞性相同而對者也。駢拇篇又云：

是故鳧脛雖短，續之則憂；鶴脛雖長，斷之則悲。（頁三一七）鳧與鶴相對，皆爲名詞；短與長相對，皆爲形容詞；續與斷相對，皆爲動詞；憂與悲相對，皆爲動詞；此詞性相同而對者也。又馬蹄篇云：

道德不廢，安取仁義；性情不離，安用禮樂？（頁三三六）

道德與性情、仁義與禮樂，皆爲名詞而相對；廢與離、取與用，皆爲動詞而相對；此詞性相同而對者也。

長句對者，如駢拇篇云：

屬其性於五味，雖通如俞兒，非吾所謂臧也；屬其性於五聲，雖通如師曠，非吾所謂聰也；屬其性乎五色，雖通如離朱，非吾所謂明也。（頁三二七）

味、聲、色，皆爲名詞而相對；俞兒、師曠、離朱，均爲人名而相對；臧、聰、明，咸爲形容詞而相對；此詞性相同而對者也。

莊子雜篇用對偶法者亦不尠矣。其用當句對者，如庚桑楚篇云：

兒子動不知所爲，行不知所之，身若槁木之枝而心若死灰。（頁七七九）

身與心，同爲名詞而相對；槁木與死灰相對，前者同爲形容詞而後者同爲名詞；此詞性相同而對者也。

單句對者，如庚桑楚篇云：

故鳥獸不厭高，魚鼈不厭深。（頁七七四）

鳥獸與魚鼈，皆爲名詞而相對；高與深，皆爲形容詞而相對；此詞性相同而對者也。又如徐无鬼篇云：

> 吾所以說吾君者，橫說之則以詩書禮樂，從說之則以金版六弢，奉事而大有功者不可爲數，而吾君未嘗啓齒。（頁八二一）

橫、從，皆爲形容詞而相對；詩書禮樂爲經書名，金版六弢爲周書篇名，此同爲名詞而相對。又如盜跖篇云：

> 此上世之所傳，下世之所語，以爲士者正其言，必其行，故服其殃，離其患也。（頁一〇〇七）

上與下，同爲形容詞而相對；傳與語，同爲動詞而相對；此詞性相同而對者也。正與必，同爲動詞；言與行，同爲名詞；此詞性相同而對者也。服與離，同爲動詞；殃與患，同爲名詞；此詞性相同而對者也。

隔句對者，如庚桑楚篇云：

> 不仁則害人，仁則反愁我身；不義則傷彼，義則反愁己。（頁七八一至七八二）

仁與義、人與彼、身與己，同爲名詞而相對；害與傷，同爲動詞而相對；此詞性相同而對者也。又如寓言篇云：

> 火與日，吾屯也；陰與夜，吾代也。（頁九六〇）

火與陰、日與夜，同爲名詞而相對；屯與代，同爲動詞而相對；此詞性相同而對者也。

長句對者，如則陽篇云：

四時殊氣，天不賜，故歲成；五官殊職，君不私，故國治。（頁九〇九）

四與五，同爲形容詞而相對；時與官、氣與職、天與君、歲與國，同爲名詞而相對；賜與私、成與治，同爲動詞而相對；此詞性相同而對者也。又如盜跖篇云：

比干剖心，子胥抉眼，忠之禍也；直躬證父，尾生溺死，信之患也。（頁一〇〇七）

比干、子胥、直躬、尾生，皆爲人名而相對；剖、抉、證、溺，皆爲動詞而相對；心、眼、父、死，皆爲名詞而相對；忠與信、禍與患，皆爲名詞而相對；此詞性相同而對者也。

三、排比

凡用結構相似之句法，表達同一範圍，同一性質之意象者，謂之排比。排比之原則有三：一曰適當配合各類之內容，二曰鮮明表現多樣之統一，三曰具體表達共相之分化。（註三四）排比之作用，在豐富詞彙，且使文意更加明顯；而其優點有五：一則面面顧及，無懈可擊。二則綿密翔實，曲盡其義。三則像森嚴之壁壘，密匝之陣伍，可產生無瑕可擊之力量。四則像對偶法，可表現富麗堂皇、燦爛熠耀之氣象。五則亦可表現質實樸茂之一面。（註三五）排比與類疊之不同者有二：其一、排比爲有秩序、有規律之數種意象，其秩序或爲交替，或爲流動；而類疊則爲有秩序、有規律之一種意象，其秩序或爲重疊，或爲反復。其二、排比爲基於多樣之統一與共相之分化；而類疊則基於畫一中之多數。排比與對偶之不同者有四：一爲對偶必須字數相侔，而排比不拘；二爲對偶必須兩兩相對，而排比亦不拘；三爲對偶力避字同意同，而排比則以字同意同爲經常狀況；四爲對偶傾向於「對比」，而排比則傾向於「和諧」。（註三六）排比和對偶之形式，雖有差別，然亦有相同者，即本乎平衡、勻稱、整齊之原理也。

排比可分爲四類：短語排比、單句排比、平列排比、長句排比。所謂短語排比，即用結構相似之短語，表達同一範圍或性質之意象者也。所謂單句排比，即用結構相似之單句，表達同一範圍或性質之意象者也。所謂平列排比，即用結構相似之奇句與奇句排比、偶句與偶句排比，表達同一範圍或性質之意象者也。所謂長句排比，即用結構相似之一串短語，構成一長句，上下兩長句排比，表達同一範圍或性質之意象者也。

莊子內外雜篇皆用排比法，今依四類，分述如下：

(1)、短語排比

莊子內外雜篇皆有短語排比，內篇如逍遙遊篇云：

之人也，之德也，將旁礴萬物以爲一世蘄乎亂，孰能弊弊焉以天下爲事！（頁三〇）

案「之人也，之德也」，爲短語之排比。又如齊物論篇云：

百骸，九竅，六藏，賅而存焉，吾誰與爲親？（頁五十六）

註三四：參閱註一，頁四七六至四八〇。

註三五：參閱註一一，頁三三五至三二七。

註三六：參閱註一，頁四六九至四七〇，以及註二，頁三〇七。

案「百骸，九竅，六藏」，爲短語之排比。又如人間世篇云：

善哉問乎！戒之！愼之！正女身也哉！（頁一六五）

案「戒之！愼之！」爲短語之排比。又如大宗師篇云：

孔子聞之，使子貢往待事焉。或編曲，或鼓琴，相和而歌。（頁二六六）

案「或編曲，或鼓琴」，爲短語之排比。又編爲平聲動詞，鼓爲仄聲動詞；曲爲仄聲名詞，琴爲平聲名詞；故編曲與鼓琴爲對偶。而「或編曲，或鼓琴」，爲短語之排偶，亦可謂之短語之排比。又如應帝王篇云：

列子追之不及。反，以報壺子曰：「已滅矣，已失矣，吾弗及已。」（頁三〇四）

案「已滅矣，已失矣」，爲短語之排比。

外篇如胠篋篇云：

當是時也，民結繩而用之，甘其食，美其服，樂其俗，安其居，鄰國相望，雞狗之音相聞，民至老死而不相往來。（頁三五七）

案「甘其食，美其服，樂其俗，安其居」，爲短語排比者也。又「其」字爲類字，故亦爲類疊者也。又如在宥篇云：

黃帝退，捐天下，築特室，席白茅，閒居三月，復往邀之。（頁三八〇）

案「捐天下，築特室，席白茅」，爲短語排比者也。

雜篇如庚桑楚篇云：

全汝形，抱汝生，无使汝思慮營營。（頁七七七）

案「全汝形，抱汝生」，爲短語排比者也。又如則陽篇云：

今人之治其形，理其心，多有似封人之所謂，遁其天，離其性，滅其情，亡其神，以衆爲。（頁八九九）

案「治其形，理其心」與「遁其天，離其性，滅其情，亡其神」，皆短語排比者也。又皆有「其」字，亦爲類疊者也。治、理、遁、離、滅、亡，皆動詞也；形、心、天、性、情、神，皆名詞也；此亦爲對偶者也。

(2)、單句排比

莊子內外雜篇皆有單字排比，內篇如逍遙遊篇云：

小知不及大知，小年不及大年。奚以知其然也？（頁十一）

案「小知不及大知，小年不及大年」，爲單句排比者也。逍遙遊篇又云：

之人也，物莫之傷，大浸稽天而不溺，大旱金石流土山焦而不熱。（頁三〇至三一）

案「大浸稽天而不溺，大旱金石流土山焦而不熱」，爲單句排比者也，然前半「大浸稽天」與「大旱金石流土山焦」爲參差，後半「而不溺」與「而不熱」則整齊，此參差之單句排比者也。又如齊物論篇云：

道隱於小成，言隱於榮華。（頁六十三）

案此例句爲單句排比者也。齊物論篇又云：

是亦一无窮，非亦一无窮也。故曰莫若以明。（頁六十六）

案「是亦一无窮，非亦一无窮」，爲單句排比者也。齊物論篇又云：

和之以天倪，因之以曼衍，所以窮年也。（頁一〇八）

案「和之以天倪，因之以曼衍」，爲單句排比者也。又如人間世篇云：

凡交近則必相靡以信，遠則必忠之以言，言必或傳之。（頁一五七）

案「近則必相靡以信，遠則必忠之以言」，爲單句排比者也。遠與近、言與信，雖爲對偶，然其餘則非對偶，故此例句爲單句之排比。又如大宗師篇云：

反覆終始，不知端倪；芒然彷徨乎塵垢之外，逍遙乎无爲之業。（頁二六八）

案「彷徨乎塵垢之外，逍遙乎无爲之業」，爲單句排比者也。又如應帝王篇云：

且鳥高飛以避矰弋之害，鼷鼠深穴乎神丘之下以避熏鑿之患，而曾二蟲之無知！（頁二九一）

案「鳥高飛以避矰弋之害，鼷鼠深穴乎神丘之下以避熏鑿之患」，爲單句排比者也。其中「乎神丘之下」五字刪之，則爲整齊之單句排比，加之則爲參差之單句排比。應帝王篇又云：

虎豹之文來田，猨狙之便執斄之狗來藉。（頁二九五）

案「猨狙之便」與「執斄之狗」，刪其中之一，則爲整齊之單句排比，否則爲參差之單句排比。

外篇如胠篋篇云：

自三代以下者是已，舍夫種種之民而悅夫役役之佞，釋夫恬淡无爲而悅夫哼哼之意，哼哼已亂天下矣！（頁三五九至三六〇）

案「舍夫種種之民而悅夫役役之佞，釋夫恬淡无爲而悅夫哼哼之意」，爲單句排比者也。又如在宥篇云：

乃齊戒以言之，跪坐以進之，鼓歌以儛之，吾若是何哉！」（頁三六八）

案「齊戒以言之，跪坐以進之，鼓歌以儛之」，爲單句排比者也。

雜篇如庚桑楚篇云：

弟子何異於予？夫春氣發而百草生，正得秋而萬寶成。（頁七七一）

案「百草生」與「萬寶成」，爲對偶也；而其餘則非對偶，故此例句爲單句排比者也。又如則陽篇云

萬物有乎生而莫見其根，有乎出而莫見其門。（頁九〇五）

案「有乎生而莫見其根，有乎出而莫見其門」，爲單句排比者也。又生、出爲動詞，根、門爲名詞，此亦爲詞性相同而對者也。

(3)、平列排比

平列排比以其單句與單句、偶句與偶句排比，故又稱爲隔句排比。莊子內外雜篇皆有平列排比，茲舉例闡明之。內篇如逍遙遊篇云：

鷦鷯巢於深林，不過一枝；偃鼠飲河，不過滿腹。（頁二十四）

此例句中之「於深」二字删掉，則爲整齊之平列排比，否則爲參差之平列排比。又如齊物論篇云：大知閑閑，小知閒閒；大言炎炎，小言詹詹。（頁五十一）

莊子以平列排比法，闡述言語之異也。齊物論篇又云：丘也與女，皆夢也；予謂女夢，亦夢也。（頁一〇四）

莊子以平列排比法，敍述夢中有夢。又養生主篇云：良庖歲更刀，割也；族庖月更刀，折也。（頁一一九）

莊子以平列排比法，陳述良庖與族庖用刀之異也。又如人間世篇云：名也者，相軋也；知也者，爭之器也。（頁一三五）

案名、知爲凶器，不可行於世。莊子以平列排比法，闡述名、知之害也。

外篇如馬蹄篇云：同乎无知，其德不離；同乎无欲，是謂素樸。（頁三三六）

莊子以平列排比法，闡述无知、无欲，可得至德之美者也。又如田子方篇云：夫子步，亦步也；夫子言，亦言也；夫子趨，亦趨也；夫子辯，亦辯也；夫子馳，亦馳也；夫子言道，回亦言道也。（頁七〇六至七〇七）

莊子以平列排比法，敍述孔子步、言、趨、辯、馳、言道，顏回亦隨之之狀也。

雜篇如徐无鬼篇云：

我必先之，彼故知之；我必賣之，彼故鬻之。（頁八四九）

莊子以平列排比法，謂我聲名在先，故使物知我；我便是賣於名聲，故彼（指田禾）見而販之。又如則陽篇云：

昔予爲禾，耕而鹵莽之，則其實亦鹵莽而報予；芸而滅裂之，其實亦滅裂而報予。（頁八九七）

莊子以平排比法，言耕地不深，鉏治不熟，至秋收時，嘉實不多，皆由疏略，故致斯報也。

(4)、長句排比

莊子內外雜篇皆有長句排比，內篇如逍遙遊篇云：

日月出矣而爝火不息，其於光也，不亦難乎！時雨降矣而猶浸灌，其於澤也，不亦勞乎！（頁二十二）

莊子用長句排比法，謂以日月照燭，詎假炬火之光；時雨滂沱，無勞浸灌之澤。又如齊物論篇云：

若勝我，我不若勝，若果是也，我果非也邪？我勝若，若不吾勝，我果是也，而果非也邪？（頁一○七）

案若、而，皆汝也。莊子以長句排比法，闡述各據偏執，未足可依也。

外篇如駢拇篇云：

駢於明者，亂五色，淫文章，青黃黼黻之煌煌非乎？而離朱是已。多於聰者，亂五聲，淫六律，金石絲竹黃鐘大呂之聲非乎？而師曠是已。（頁三一四）

莊子以長句排比法，言有耳目者，未嘗以慕聾盲自困也，所困常在於希離慕曠，則離曠雖性聰明，乃是亂耳目之主也。又如胠篋篇云：

擢亂六律，鑠絕竽瑟，塞瞽曠之耳，而天下始人含其聰矣；滅文章，散五采，膠離朱之目，而天下始人含其明矣；毀絕鉤繩而棄規矩，攦工倕之指，而天下始人有其巧矣。（頁三五三）

莊子以長句排比法，闡述率己聞見，則人含其聰明；用其自能，則規矩可棄而妙匠之指可攦也。

雜篇如庚桑楚篇云：

夫函車之獸，介而離山，則不免於罔罟之患；呑舟之魚，碭而失水，則蟻能苦之。（頁七七三至七七四）

莊子以長句排比法，闡明去利遠官乃全。又如漁父篇云：

好經大事，變更易常，以挂功名，謂之叨；專知擅事，侵人自用，謂之貪；見過不更，聞諫愈甚，謂之很；人同於己則可，不同於己，雖善不善，謂之矜。（頁一〇二九），

莊子以長句排比法，謂人之四患也。

四、層遞

凡由低而高，由近而遠，由小而大，由少而多，由淺而深，由輕而重，由本而末，或由高而低，由遠而近，由大而小，由多而少，由深而淺，由重而輕，由末而本，層層遞增者，謂之層遞。（註三七）層遞之原則有二：其一爲一貫次序，其二爲合乎邏輯（註三八）；而其作用，則使文章層次更爲

分明。莊子內篇除德充符篇、應帝王篇外，皆用此法。今分述如次：

逍遙遊篇云：

適莽蒼者，三飡而反，腹猶果然；適百里者，宿舂糧；適千里者，三月聚糧。（頁九）

此例句不僅爲譬喩（前已詳述），亦爲層遞。蓋此例句用層遞法，乃由近而遠。此言準備糧食之多寡，視前往地點之遠近而定，其敘述層次分明，井井有條。

齊物論篇云：

今者吾喪我，汝知之乎？女聞人籟而未聞地籟，女聞地籟而未聞天籟夫！（頁四十五）

此例句用層遞法，謂人籟、地籟皆可聞，而天籟不可聞。

齊物論篇又云：

唯達者知通爲一，爲是不用而寓諸庸。庸也者，用也；用也者，通也；通也者，得也；適得而幾矣。（頁七〇）

此例用層遞法，乃由淺而深。此言達者欲知通爲一，須庸、用、通、得，始可幾矣。

齊物論篇又云：

古之人，其知有所至矣。惡乎至？有以爲未始有物者，至矣，盡矣，不可以加矣。其次以爲有物矣，

註三七：參閱蔡宗陽道德經修辭之研究，教學與研究，第四期，頁三四。

註三八：見註一，頁四九四至四九五。

而未始有封也。其次以爲有封焉，而未始有是非也。是非之彰也，道之所以虧。道之所以虧，愛之所以成。（頁七四）

此例用層遞法，乃由高而低。此謂智慧高低之區別。

養生主篇云：

始臣之解牛之時，所見无非（全）牛者。三年之後，未嘗見全牛也。方今之時，臣以神遇而不以目視，官知止而神欲行。（頁一一九）

此用層遞法，乃由遠而近，自古及今。此謂解牛之技術，日益進步。

人間世篇云：

夫道不欲雜，雜則多，多則擾，擾則憂，憂而不救。（頁一三四）

此例用層遞法，乃由輕而重。此謂靈通之道，唯在純粹。若必其喧雜則事緒繁多，事多則中心擾亂，心中擾亂則憂患斯起。

人間世篇又云：

若一志，无聽之以耳而聽之以心，无聽之以心而聽之以氣！（頁一四七）

此例用層遞法，謂聽之以氣爲主。

人間世篇又云：

凡溢之類妄，妄則其信之也莫，莫則傳言者殃。（頁一五七）

此例用層遞法，乃由淺而深。此謂溢當之言，體非眞實，必遭災禍。

大宗師篇云：

吾猶守而告之，參日而後能外天下；已外天下矣，吾又守之，七日而後能外物；已外物矣，吾又守之，九日而後能外生；已外生矣，而後能朝徹；朝徹，而後能見獨；見獨，而後能无古今；无古今，而後能入於不死不生。（頁二五二）

此例用層遞法，乃由淺而深。此謂得道之經過，及其得道之狀。

大宗師篇又云：

聞諸副墨之子，副墨之子聞諸洛誦之孫，洛誦之孫聞之瞻明，瞻明聞之聶許，聶許聞之需役，需役聞之於謳，於謳聞之玄冥，玄冥聞之參寥，參寥聞之疑始。（頁二五六）

此例用層遞法，詳述得道之術，來自輾轉傳聞，其敘述條理分明，層次不紊。

莊子外雜篇用層遞法者夥矣，茲各舉二三例，以明之。外篇如天道篇云：

夫虛靜恬淡寂漠无爲者，天地之平而道德之至，故帝王聖人休焉。休則虛，虛則實，實則倫矣。虛則靜，靜則動，動則得矣。（頁四五七）

此例用層遞法，闡述心神休止，則可得自然之理；心神虛空，則動靜莫不合宜。又如知北遊篇云：

東郭子問於莊子曰：「所謂道，惡乎在？」莊子曰：「无所不在。」東郭子曰：「期而後可。」莊子曰：「在螻蟻。」曰：「何其下邪？」曰：「在稊稗。」曰：「何其愈下邪？」曰：「在瓦甓。」

曰：「何其愈甚邪？」曰：「在屎溺。」東郭子不應。莊子曰：「夫子之問也，固不及質。正獲之問於監市履豨也，每下愈況。」（頁七四九—七五〇）

此例用層遞法，乃由高而低。此謂道無所不在，莊子自動物之螻蟻，降至植物之稊稗，再降至無生物之瓦甓，再降至廢物之屎溺，以闡述道在萬物，無物非道，其主旨乃「每下愈況」。

雜篇如寓言篇云：

顏成子游謂東郭子綦曰：「自吾聞子之言，一年而野，二年而從，三年而通，四年而物，五年而來，六年而鬼入，七年而天成，八年而不知死，不知生，九年而大妙。」（頁九五六）

此例用層遞法，乃由少而多。此謂聞道後之功效，逐年進步。又如列禦寇篇云：

宋人有曹商者，為宋王使秦。其往也，得車數乘；王說之，益車百乘。……莊子曰：「秦王有病召醫，破癰潰痤者得車一乘，舐痔者得車五乘，所治愈下，得車愈多。子豈治其痔邪，何得車之多也？子行矣！」（頁一〇四九至一〇五〇）

此例用層遞法，乃由少而多。此謂治病之術愈下，得車愈多，其敘述層次井然。列禦寇篇又云：

正考父一命而傴，再命而僂，三命而俯，循牆而走，孰敢不軌！如而夫者，一命而呂鉅，再命而於車上儛，三命而名諸父，孰協唐許？（頁一〇五六）

此例用層遞法，闡明正考父之謙虛與凡夫俗子之驕傲情狀。

五、頂真

所謂頂眞者，即上句末字，與下句首字相同；或前段之末句，與後段之首句相同者也。凡上下句用相同之字詞，謂之聯珠；前後段用相同之文句，謂之連環；聯珠與連環，合稱爲連珠。是以頂眞又稱爲連珠。（註三九）頂眞之原則有四：其一橋梁，其二和諧，其三緊湊，其四趣味。（註四〇）頂眞之作用，在使語句神旺氣足。（註四一）層遞與頂眞有異同，其所同者：在本質上，兩者皆依觀念之聯接而成；在形式上，兩者皆講求層次與秩序。其所異者：就本質而言，頂眞以一個中心觀念爲主，而層遞則以比例與因果爲主。就形式而言，頂眞以同一語詞貫串上下句；而層遞則以數句意義之關聯爲主。（註四二）

莊子內七篇除養生主篇不用頂眞法外，其餘六篇皆用頂眞法，其用頂字之字詞，分爲動物、地名、人名、其他等四類。茲分別闡述如下：

(1)、動　物

逍遙遊篇云：

北冥有魚，其名爲鯤。鯤之大，不知其幾千里也。（頁二）

註三九：見同註三七。

註四〇：見註一，頁五一一至五一四。

註四一：見同註一四。

註四二：參閱註一，頁五〇五。

此例句既爲夸飾，亦爲頂眞。夸飾之句，爲「不知其幾千里也」。頂眞之關鍵，在「鯤」字。

逍遙遊篇又云：

化而爲鳥，其名爲鵬。鵬之背，不知其幾千里也。（頁二）

此例句不止爲夸飾（前已述之），亦爲頂眞。此以頂眞法，闡明鵬之背，難以千里計，俾語氣十足。

(2)、地　名

逍遙遊篇云：

是鳥也，海運，則將徙於南冥。南冥者，天池也。（頁二）

此例用頂眞法，以補述南冥者何方也，使文意更爲明確。

(3)、人　名

德充符篇云：

魯有兀者叔山无趾，踵見仲尼。仲尼曰：「子不謹，前既犯患若是矣。雖今來，何及矣！」（頁二〇二）

應帝王篇云：

齧缺因躍而大喜，行以告蒲衣子。蒲衣子曰：「而乃今知之乎？……而未始入於非人。」（頁二八七）

又云：

肩吾見狂接輿。狂接輿曰：「日中始何以語女？」（頁二八九）

又云：

列子入，泣涕沾襟以告壺子。壺子曰：「鄉吾示之以地文，萌乎不震不正。是殆見吾杜德機也。嘗又與來。」（頁二九九）

又云：

列子入，以告壺子。壺子曰：「鄉吾示之以天壤，名實不入，而機發於踵。是殆見吾善者機也。嘗又與來。」（頁三〇一）

又云：

列子入，以告壺子。壺子曰：「吾鄉示之以太沖莫勝。……嘗又與來。」（頁三〇二）

此六例用頂眞法，皆敍述二人對話之狀，使文章更爲緊湊，更爲明晰。

(4)、其　他

齊物論篇云：

夫大塊噫氣，其名爲風。是唯无作，作則萬竅怒呺。（頁四五）

此例用頂眞法，以說明大風唯當不起，若其動作，則萬殊之穴皆鼓怒呺叫也。

人間世篇云：

唯道集虛。虛者，心齋也。（頁一四七）

此例用頂眞法，以詮釋虛字之義也。

德充符篇云：

……四者，天鬻也。天鬻者，天食也。（頁二一七）

此例用法同前例，乃闡釋天鬻之義也。

大宗師篇云：

……其名爲攖寧。攖寧也者，攖而後成者也。（頁二五三）

此例亦同前二例，乃闡明攖寧之義也。

莊子外雜篇用頂眞法者亦多矣，茲各擧二三例，以闡述之。外篇如天道篇云：

靜則无爲，无爲也則任事者責矣。无爲則俞俞，俞俞者憂患不能處，年壽長矣。（頁四五七）

此例用頂眞法，闡明無爲之益也。又如知北遊篇云：

知謂黃帝曰：「吾問无爲謂，无爲謂不應我，非不我應，不知應我也。吾問狂屈，狂屈中欲告我而不我告，非不我告，中欲告而忘之也。」（頁七三四）

此例用頂眞法，以敍述不我應，不我告之狀，使文意更爲清晰。知北遊篇又云：

齧缺問道乎被衣，被衣曰：「若正汝形，……」（頁七三七）

此例用頂眞法，以陳述被衣回答之語，使文意更完全，使語氣更完整。

雜篇如寓言篇云：

陽子居南之沛，老聃西遊於秦，邀於郊，至於梁而遇老子。老子中道仰天而歎曰：「始以汝爲可教，今不可也。」（頁九六二）

此例用頂眞法，敍述老子仰天而歎之言，俾文氣更爲完足。寓言篇又云：

陽子居不答。至舍，進盥漱巾櫛，脫屨戶外，膝行而前曰：「向者弟子欲請夫子，夫子行不閒，是以不敢。今閒矣，請問其過。」（頁九六二）

此例用頂眞法，以補述夫子之狀，使文氣更爲十足。

六、回文

凡上下兩句，詞彙多半相同，而詞序恰好相反，有首尾迴環之妙趣者，謂之回文。回文亦作迴文，回文之原則有三：一則力求簡潔，二則講究變化，三則保其天趣。（註四三）而回文之作用，在求句意之周到綿密，無懈可擊。（註四四）

莊子書中之回文句亦夥矣，內篇如齊物論篇云：

方生方死，方死方生；方可方不可，方不可方可；因是因非，因非因是。（頁六十六）

此言彼此是非，無異生死之說也。齊物論篇又云：

无謂有謂，有謂无謂。（頁九十七）

此言道貴乎體悟，不在稱謂，故能理而教，無謂而有謂；教而理，有謂而無謂者也。又如大宗師篇云

天之小人，人之君子；人之君子，天之小人也。（頁二七三）

註四三：參閱註一，頁五二四至五二五。

註四四：參閱註一一，頁三七三。

此以自然言之，則人無小大；以人理言之，則侔於天者，可謂君子矣。

外篇如天運篇云：

雲者爲雨乎？雨者爲雲乎？（頁四九三）

此言雲雨皆不能相爲，各自爾也。又如知北遊篇云：

臭腐復化爲神奇，神奇復化爲臭腐。（頁七三三）

此言通共神奇，通共臭腐，則死生彼我何殊哉！

雜篇如外物篇云：

人有能遊，且得不遊乎？人而不能遊，且得遊乎？（頁九三六）

此言性之所能，不得不爲也；性所不能，不得強爲。

七、倒裝

凡顚倒語文詞句之次序者，謂之顚倒。顚倒之原則有三：一則拍攝語者之心境，二則追求語感之鮮活，三則參考語法之發展。（註四五）而倒裝之作用，在於加強語氣，美化句法或配合押韻，或喚起注意，增加文章之波瀾。

莊子書中倒裝者亦有之，內篇如逍遙遊篇云：

彼且奚適也？（頁十四）

案「彼且奚適也」，爲「彼且適奚也」之倒裝。且，將也；適，往也；奚，何也。彼且適奚也，即彼將往何處？此疑問句之倒裝，即敍述句止詞之倒置。以疑問詞作止詞，古語例在述詞之前。逍遙遊篇又云：

物莫之傷。（頁三十）

案「物莫之傷」，即「物莫傷之」之倒裝。此否定句之倒裝，以止詞「之」爲第一人稱指稱詞，其上「莫」爲否定限制詞，古代漢語在此條件下，必將止詞倒置於述詞之前。又如齊物論篇云：

偃，不亦善乎，而問之也！（頁四十五）

案謂語「不亦善乎」倒置於主語「而問之也」之前，此表態句謂語之倒裝，其順序當作：「偃，而（而，猶汝也）問之也，不亦善乎！」齊物論篇又云：

我勝若，若不吾勝，我果是也，而果非也邪？（頁一〇七）

案若、而，皆汝也。若不吾勝，即「若不勝吾」之倒裝。以止詞「吾」爲第一人稱指稱詞，其上「不」爲否定限制詞，古代漢語在此情況下，必將止詞倒置於述詞之前。又如養生主篇云：

技經肯綮之未嘗。（頁一一九）

案傅師隸僕云：「依序當作未嘗技經肯綮。」（註四六）此因否定句而倒裝者也。又如大宗師篇云：

偉哉造化。（頁二六一）

註四五：參閱註一，頁五六三至五六四。

註四六：見傅師隸樸修辭學，頁三十五。

案謂語「偉哉」倒置於主語「造化」之前。此例句乃表態句謂語之倒置。

外篇如天地篇云：

子將奚之？（頁四三九）

案：奚，何也；之，往也。此句順序當作：子將之奚？以疑問詞作止詞，古語例在述詞之前，故「子將奚之」，爲「子將之奚」之倒裝。

雜篇如讓王篇云：

異哉后之爲人也，居於畎畝之中而遊堯之門！（頁九八四）

案：后，君也。此指舜。謂語「異哉」倒置於主語「后之爲人也」之前。此表態句謂語之倒置者也。

第四章 結 論

第一節 莊子思想與文學理論之關係

先秦諸子在中國思想史上，開啟光輝燦爛之史頁，中國文學亦於此時拓展里程，故章學誠曰：周衰文弊，六藝道息，而諸子爭鳴，蓋至戰國而文章之變盡，至戰國而著述之事專，至戰國而後世之文體備。……知文體備於戰國，而始可與論後世之文。（註一）諸子之文學表現，一如其哲學思想，各具體貌，別有姿態，恢恑憰怪為莊子之勝場，鏗鏘鼓舞為荀子之長處，其他如韓非博辯，墨子警切，孫子廉峻，呂氏龐駁，可謂不遑枚舉。諸子並非有意於文學表現，更無意於文學理論之探究，然就其思想而言，影響後世之文學理論，既深且鉅，尤以莊子為最。睽其主因，蓋哲學與文學本有其共通之處，如黃師錦鋐所云：

註一：見文史通義內篇一，詩教上，頁十六。

莊子之所以和文學理論，有密切的關聯，是因爲莊子哲學的本質，是在求心靈的和諧。和儒家之求心靈之樂，佛家之求性靈之明，有其共同的特點。而和諧的境界，又是文學藝術所追求的理想目標。因此對於文學，更有長遠的影響。（註二）

林祖亮莊子對文學、藝術之影響一文，亦有類似說法，其言曰：

> 莊子思想是哲學，到底哲學與文學、藝術有何關係？惟有確定關係，才能討論其思想對文學、藝術能有何種影響，並論及莊子哲學對中國以往的文學、藝術有過什麼影響。要想知道哲學與文學、藝術的關係，須從根本上追究。哲學思想與文學、藝術的創造，有個共同的來源——心靈；哲學、文學、藝術都是心靈活動，故其關係就在心靈活動上。（註三）

綜合黃師林氏之說而言，莊子思想與文學理論之關係，在於心靈活動，而心靈活動之目的，在求心靈之和諧。至於何謂心靈活動？林祖亮又云：

> 何謂心靈活動？心靈之所以活動，也有其根本因素，即生命的問題。若無生命問題，心靈活動即無由而生。（註四）

由是觀之，則心靈之和諧，即生命之和諧。人欲有生，並具有心靈，而文學藝術之創作，在表面上，或有哲學思想專談邏輯、宇宙，或有文學藝術專爲文學而文學、爲藝術而藝術，雖其表面不談人生，其實則在表白人生之態度，並非脫離人生。然則文學創作與文學批評之交會處，貴在心靈。因作者與批評者乃至欣賞者皆具有宇宙之最高心靈，而作者、批評者與欣賞者在心靈生命之最高層次爲同體、統一。職是之故，不論文學創作者、文學批評者，或文學創作活動、批評活動，咸基於健康活潑之生命，開放通透之心靈，此心靈本質既爲理性，亦爲感性。在此根源之處，衆人皆爲一，創作者與批評者亦無分別。（註五）由此可知，哲學思想不止與文學創作有關，與文學批評亦密不可分，其關係所在，則在心靈。

莊子之共通思想、自然思想、玄虛思想，不特影響文學創作理論，亦影響文學批評，詳見第二章論述，而文學創作與文學批評之會通處，又在心靈；哲學思想與文學理論之交會處，亦在心靈。總而言之，莊子思想與文學理論之關係，在心靈活動與心靈和諧，而心靈活動與心靈和諧，則相會於最高之統一心靈，最高之統一心靈則爲莊子思想。

註二：見莊子的共通律及其對文學理論之影響，中華文化復興月刊，第十四卷第十期，頁五八。

註三：該文見於中華文化復興月刊，第十一卷第十一期，頁二十二。

註四：見同註三。

註五：以上參閱曾照旭文學創作與批評的哲學考察，古典文學第二集，頁四四一至四四三。

第二節　莊子文學對後世文學之影響

文學有內容與形式兩大項，第一章第二節已詳述，茲不復贅言。莊子文學對後世文學之影響，不論內容、形式，對後世文學皆有直接或間接之影響。今分為文學作品、文學體裁與文學技巧，闡述如左：

先就文學作品而言，陶淵明、李太白受莊子之影響，可謂至深極遠矣。如陶淵明之「悠然見南山」，李太白之「敬亭山獨坐」，皆具有朝徹境界。（註六）而「朝徹」一語，見於莊子大宗師篇，其言曰：

已外生矣，而後能朝徹；朝徹，而後能見獨；見獨，而後能无古今；无古今，而後能入於不死不生。（註七）

又韓退之、柳宗元、蘇東坡之文，其得於莊子，亦不淺。如韓退之答李翊書，乃從莊子養生主篇化出；送高閑上人序，乃得自莊子胠篋篇；原道，亦多自胠篋篇脫化而來。（註八）又如柳宗元永某氏之鼠、蝜蝂傳兩篇，蓋取意於莊子駢拇篇；郭橐駝傳，蓋由莊子養生主篇脫化而出。（註九）又如蘇東坡喜兩亭記，蓋取意於莊子大宗師篇。（註一〇）莊文尚虛，而蘇東坡文亦善寫虛，如淩虛臺記、清風閣記、超然亭記、前後赤壁賦等篇是也。（註一一）

綜觀上述，莊子文學對後世文學作品之影響，既大且深，以上僅就犖犖大者而言，其實不第此也。次就文學體裁而言。古人論騷，多以騷爲古詩遺風；然其表現方法不同，超越時空。莊子之「乘雲氣，騎日月」（語見齊物論篇），「上與造物者遊」（語見天下篇），無古今，無內外，完全開放心境，此種精神在楚辭中表現尤爲了然。莊子汪洋無涯之文體，亦可見諸楚辭。正因如此，後人以爲屈原文體來自莊子；漢東方朔答客難、揚雄解嘲亦由是而來。（註一二）又莊子之文學，如天馬行空，飄逸不定，不落實，不落言筌；莊子之思想，如白雲蒼狗，虛無變化，順乎自然；於是予後世文學家之啟示，而創造自然、適志、性靈之文學。莊子之作品，在我國文學作品中，開創「隱逸文學」之領域。我國隱逸文學，範圍甚廣，包括詠懷文學、玄思文學、游仙文學、山水文學、田園文學、志怪文學、浪漫文學、唯美文學等類別，大抵隱逸文學淵源於莊子思想。（註一三）由此可知，莊子之文學與思

註六：見註三，頁二一六。

註七：見郭慶藩莊子集釋，頁二五二。

註八：詳見郎擎霄莊子學案，頁二二六至二三一。

註九：詳見註八，頁二三二至二三五。

註一〇：詳見註八，頁二三六。

註一一：見同註一〇。

註一二：參閱同註六。

註一三：參閱邱師燮友莊子及其文學序，頁三。

想影響後世各類文學。再就莊子之體例而言，莊子已具有神話、傳說、故事、散文、小說、詩歌等各類文體，尤其理想之散文——散中有駢，駢中有散，莊子之散文，可謂當之無愧。

其次就文學技巧而言。莊子篇章結構中之先總論，後分論，猶今之演譯法；先分論，後結論，猶今之歸納法；全篇一氣呵成，猶今之起承轉合法。再就莊子修辭而言，莊子雖未讀修辭方面書籍，然其爲文已暗合後世修辭理論。

約而論之，莊子雖無心於文學理論之發明，無意於文學創作之表現，然二者予後世文學影響則甚偉。

附錄

壹、引用及參考書目

南華眞經（收在莊子集成初編册一）	莊　周	藝文印書館
南華眞經注（收在莊子集成初編册一）	郭　象	藝文印書館
讀南華眞經雜說（收在莊子集成續編册七）	陸長庚	藝文印書館
莊子翼	焦　竑	廣文書局
藥地炮莊	方以智	廣文書局
南華通義（收在莊子集成續編册三、四）	朱得之	藝文印書館
莊子解	王夫之	河洛圖書出版社
讀莊子法（收在昭代叢書卷十九）	林雲銘	中央研究院傅斯年圖書館
莊子因	林雲銘	蘭臺書局
莊子雪（收在莊子集成續編册三十四）	陸樹芝	藝文印書館
南華經解（收在莊子集成續編册三十六）	方文通	藝文印書館

莊子解　吳世尚　藝文印書館
莊子闕誤（收在莊子集成初編冊五）　陳景元　藝文印書館
莊子集解　郭慶藩　河洛圖書出版社
莊子集解　王先謙　蘭臺書局
侯官嚴氏評點莊子（以馬其昶莊子故爲底本）　嚴復　藝文印書館
莊子淺說　林紓　華正書局
莊子新釋　張默生　綠州書店
莊子學案　郎擎霄　泰順書局
莊子連詞今訓　徐德庵　樂天出版社
莊子哲學（收在莊子集成初編冊三十一）　曹受坤　藝文印書館
莊子詮詁　胡遠濬　商務印書館
莊老通辨　錢穆　新亞研究所
莊子及其文學　黃師錦鋐　東大圖書公司
新譯莊子讀本　黃師錦鋐　三民書局
老莊思想論集　王煜　聯經出版事業公司
莊子書目考　張成秋　中華書局

莊子的寓言世界　顏崑陽　尙友出版社

老子原始（內收莊子考，有中譯本先秦經籍考）　武內義雄　河洛圖書出版社

※　※　※

論語注疏　魏何晏等注　宋邢昺疏　藝文印書館

論語集解義疏　皇侃　廣文書局

論語正義（收在皇清經解續編册十七）　劉寶楠　漢京文化事業有限公司

論語會箋　竹添光鴻　廣文書局

孟子注疏　趙岐注　孫奭疏　藝文印書館

四書集注　朱熹　學海出版社

說文解字注　段玉裁　藝文印書館

廣韻　宋陳彭年等重修　藝文印書館

※　※　※

史記　司馬遷　藝文印書館

史記會注考證　瀧川龜太郎　藝文印書館

漢書　班固　藝文印書館

後漢書　范曄　鼎文書局

三國志	陳　壽	鼎文書局
人物志	劉　劭	商務印書館
南齊書	蕭子顯	鼎文書局
梁書	姚思廉	鼎文書局
中國文學發展史	劉大杰	香港古文書局
中國文學史大綱	顧　實	文海出版社
中國文學史論	華師仲麐	臺灣開明書店
中國文學史	李師曰剛	白雲書屋
中國文學史	葉師慶炳	作者自印
宋元戲曲史	王國維	學人月刊雜誌社
中國小說史略	近　人	明倫出版社
周秦兩漢文學批評史	羅根澤	學海出版社
中國文學批評史	郭紹虞	明倫出版社
中國文學批評史	陳鍾凡	鳴宇出版社
古史辨	顧　氏	印者不詳
中國哲學史	馮　氏	印者不詳
中國哲學史	謝无量	中華書局

中國哲學史	勞思光	香港中文大學崇基學院出版
中國哲學史	鍾　泰	商務印書館
中國哲學史	金公亮	正中書局
中國古代哲學史	陳元德	中華書局
中國古代哲學史	胡　適	商務印書館
中國人性論史（先秦篇）	徐復觀	商務印書館
中國哲學史概論	渡邊秀方撰　劉侃元譯	商務印書館
※	※	※
老子王弼校釋	樓宇烈校釋	華正書局
列子集釋	楊伯峻集釋	明倫出版社
墨子閒詁	孫詒讓注	河洛圖書出版社
荀子集解	王先謙集解	藝文印書館
法言	揚　雄	中華書局
淮南子	劉　安	中華書局
朱子語類	黎靖德編	漢京文化事業有限公司
諸子通考	蔣伯潛	正中書局

才性與玄理	牟宗三	學生書局
中國學術思想大綱	林師景伊	作者自印
中國哲學論叢	林師耀曾	學海出版社
先秦諸子導讀	徐文珊	幼獅書局
周秦諸子概論	高維昌	商務印書館
先秦道家思想研究	張成秋	中華書局
文藝心理學	朱氏	開明書店
談美	朱氏	開明書店
詩論	朱氏	開明書店
美學	朱氏譯	里仁書局

※　※　※

文學概論	劉萍	華聯出版社
文學概論	洪炎秋	中華文化出版事業社
文學概論	本間久雄	開明書店
文學論	汪祖華	中央文物供應社
文學論	王志健	正中書局

文學淺論（收在我怎樣寫作）	謝師冰瑩	作者自印
文學欣賞的新途徑	李師辰冬	三民書局
中國文學批評通論	傅庚生	華正書局
中國文學論集	徐復觀	學生書局
古典文學（第一至四集）	中國古典文學研究會主編	學生書局
蘇東坡的文學理論	游信利	學生書局
中國文學理論研究	華師仲麐	課堂筆記
散文研究	王師更生	課堂筆記
中國散文論	方孝岳	長流出版社
文選注	蕭統編李善注	藝文印書館
靖節先生集	陶潛著陶澍集注	河洛圖書出版社
李太白全集	李白著王載菴輯注	河洛圖書出版社
韓昌黎集	韓愈著李漢纂	河洛圖書出版社
柳宗元集	柳宗元	漢京文化事業有限公司
蘇東坡全集	蘇軾	河洛圖書出版社
葉適集	葉適	河洛圖書出版社

胡適文存	胡適	遠東圖書公司
金樓子	蕭繹	商務印書館
皇極經世	邵雍	中華書局
鶴林玉露	羅大經	開明書店
貴耳集	張端義	木鐸出版社
兩般秋雨盦隨筆	梁紹壬	商務印書館
文史通義	章學誠	史學出版社
揅經室三集	阮元	商務印書館
中國神話研究	譚達生	木鐸出版社
中國神話研究	玄珠	廣文書局
中國神話故事（此書原名：中國古代神話）	袁珂	河洛圖書出版社
古神話選釋	近人	長安出版社
中國的神話與傳說	王孝廉	聯經出版事業公司
楚辭補注	洪興祖	藝文印書館
杜詩鏡銓	楊倫編	新興書局
李義山詩集 朱鶴齡箋註	沈厚塽輯評	學生書局

全唐詩	清聖祖御定	明倫出版社
唐詩歸	鍾　惺	東北大學藏書寄存 師大國文系圖書館
唐人絕句評注	富壽蓀選注 劉拜山評解	木鐸出版社
唐詩紀事	計有功	木鐸出版社
歷代詩話	何文煥	木鐸出版社
續歷代詩話	丁仲祜編	藝文印書館
甌北詩話	趙　翼	木鐸出版社
隨園詩話	袁　枚	長安出版社
隨園詩話補遺	袁　枚	長安出版社
詩品集解	郭　氏	河洛圖書出版社
詩學箋註	亞里斯多德著 姚一葦譯註	中華書局
花間集	趙崇祚	商務印書館
全宋詞	唐圭璋	洪氏出版社
李清照集	李清照	河洛圖書出版社
片玉集	周邦彥	中華書局

詞選　鄭騫　華岡出版有限公司
詞品　楊慎　商務印書館
詞話叢編　唐圭璋　廣文書局
詞苑叢談　徐釚　木鐸出版社
白雨齋詞話　陳廷焯　開明書店
人間詞話　王國維　漢京文化事業有限公司
增補津逮秘書（內收東坡題跋、山谷題跋、捫蝨新話）　毛晉輯　中文出版社
文心雕龍注　劉勰著　范文瀾注　文史哲出版社
文心雕龍研究　王師更生　文史哲出版社
世說新語注　劉義慶著　劉孝標注　華聯出版社
國中國文第五冊　吳宏一、戴師璉璋編　國立編譯館
高中國文第二冊　羅聯添、邱師燮友、陳月英編　國立編譯館
國文教學新論　王師更生　明文書局
藝術趣味　作者不詳　開明書店

※　※　※

文則　陳騤　莊嚴出版社

文章精義	李耆卿	莊嚴出版社
修辭鑑衡	王　構	商務印書館
涵芬樓文談	吳曾祺	商務印書館
續錦機	劉青芝	中央研究院傅斯年圖書館
中國修辭學	楊樹達	世界書局
古書修辭例	張文治	中華書局
修辭格	唐　鉞	商務印書館
修辭學	鄭業建	正中書局
修辭學論叢	洪北江主編	樂天出版社
古代漢語	王　氏	印者不詳
修辭學發凡	陳　氏	上海開明書店
修辭學	傅師隸樸	正中書局
修辭論語與方法	張　嚴	商務印書館
修辭學	黃師慶萱	三民書局
修辭析論	董季棠	益智書局
實用國文修辭學	金兆梓	文史哲出版社

修辭學發微　徐芹庭　中華書局
字句鍛鍊法　黃永武　商務印書館

貳、引用及參考論文

莊子神行神遇說與中國文學之關係　簡翠貞　國立臺灣師範大學國文研究所碩士論文
莊子學述　莊師萬壽　國立臺灣師範大學國文研究所碩士論文
莊子自然主義研究　顏崑陽　國立臺灣師範大學國文研究所碩士論文
莊子寓言及其功用研究　金世煥　私立輔仁大學中國文學研究所碩士論文
莊子寓言研究　連清吉　私立東海大學中國文學研究所碩士論文

戰國寓言研究　蔣民德　國立臺灣大學中國文學研究所碩士論文

戰國寓言研究　黃海峯　私立輔仁大學中國文學研究所碩士論文

老莊哲學中「有」「無」問題之研究　丁原植　私立輔仁大學哲學研究所博士論文

叁、引用及參考期刊雜誌

莊子哲學　施章　國立中央大學半月刊　第一卷第九期

藝術家的莊子　熊廷柱　國立中央大學半月刊　第一卷第十期

由新興文學之立場批評莊子文學之價值　國立中央大學半月刊　第一卷第十期

釋莊的我見　胡遠濬　國立中央大學半月刊　第一卷第十六期

莊子文章之技巧　魯默生　宇宙旬刊　第四卷第一期特大號

莊子對文學藝術之影響　林祖亮　中華文化復興月刊　第二卷第十期

莊子中的小說　宣建人　自由談　第三十一卷第一期

莊子的共通律及其對文學理論之影響　黃師錦鋐　中華文化復興月刊　第十四卷第十期

從人間詞話看莊子的文學理論　黃師錦鋐　私立東海大學中文學會　七十年五月

莊子的語言哲學及其表意方式　林鎮國　幼獅月刊　第四十七卷第五期

莊子自然主義的文學理論　徐麗霞　哲學與文化月刊　第五卷第九期

道家的文藝思潮　青木正兒著　鄭峯明譯　中華文化復興月刊　第二卷第十期

道家思想的宗師—莊周　黃師錦鋐　中華文化復興月刊　第十四卷第一期

道家思想的價值觀　黃師錦鋐　木鐸　第八期

先秦諸子的文學觀　黃師錦鋐　孔孟月刊　第十九卷第十一期

道德經修辭之研究　蔡宗陽　教學與研究　第四期

道德經的排比修辭法　蔡宗陽　中央日報第九版　六十五年九月七日
知識界第廿三期

什麼是文學　羅家倫　新潮雜誌　第一卷第二號

文章中「連珠體」的探究　嚴靈峰　出版與研究　第四十一期

從文心雕龍與昭明文選

析論辭賦之形構與評價　蔡宗陽　國文學報　第十期